SOMMAIRE

« Quelle gourmande tu fais ! » répétaient mes parents (et maintenant mes amis) à longueur de journée.
Qu'ils ont raison ! Je ne suis pas de ces femmes qui se contentent d'un poireau vapeur et d'un steak grillé précédés d'un demi-pamplemousse rose. J'apprécie les saveurs nouvelles, les goûts exotiques, les textures originales et les plats riches. Je ne conçois pas un repas qui me laisse sur ma faim ou à la présentation triste.
J'aime me titiller les papilles, qu'on se le dise ! Gourmande endurcie, je n'en ai pas moins réussi à retrouver ma ligne après des années de régimes farfelus, voire dangereux. Le tout sans privations et sans tortures en tout genre. Vous avez découvert le résultat de mes années de recherche sur le sujet de la minceur saine dans *La Méthode Orsoni, le Régime des gourmandes*. Poursuivons l'aventure dans votre cuisine, en mettant en pratique ma méthode pour mincir de plaisir grâce à cet ouvrage idéal et à ses 300 recettes savoureuses.

Pour vous aider, j'ai organisé ces recettes en quatre catégories, comme ma méthode : Détox, Attaque, Stabilisation et Défense. À chaque phase, ses recettes gourmandes : classiques ou surprenantes, rapides et faciles ou longues et plus difficiles, avec ou sans gluten, végétaliennes, végétariennes ou avec viande… Vous y trouverez forcément votre compte.

J'entends souvent les BootCampeuses qui suivent mon programme en ligne sur LeBootCamp.com dire qu'elles « n'aiment pas cuisiner », qu'elles n'ont « déjà pas le temps de faire les courses, alors cuisiner, n'y pensons même pas ! » Pour ces femmes débordées, qui courent après le temps (ne sommes-nous pas toutes dans ce cas ?), j'ai prévu des recettes rapides ou qui peuvent se préparer à l'avance et se congeler. Certaines BootCampeuses aiment les défis des ingrédients rares, des recettes un peu difficiles qui vont épater leur famille et leurs amis. Pour vous, mesdames, j'ai conçu des petits plats exotiques qui demandent un tour de main certain. Le challenge sera au rendez-vous, foi de coach !

D'autres aiment voyager à travers leurs menus. C'est pour elles que j'ai intégré des ingrédients exotiques à certains plats : du piment jalapeño au Nama Shoyu, en passant par les dattes medjool, le tahiné ou encore les graines d'alfalfa, nous voguons du Mexique à la Thaïlande, puis aux États-Unis, au Sénégal et au Japon.
D'autres encore me demandent d'éviter certains ingrédients comme le gluten ou les produits animaux. Pour vous rendre la vie plus facile, chaque recette est accompagnée d'indications nutritionnelles.
Enfin, pour les mamans qui souhaitent que leurs enfants mangent comme elles, j'ai concocté des recettes familiales. Ces plats peuvent se cuisiner facilement, en grande quantité, et sont généralement appréciés des tout-petits, comme des ados... et des maris !
Vous trouverez également pour chaque recette le temps de préparation et le nombre de convives. Ne soyez pas effrayée si le temps de préparation est long, car certaines recettes se préparent à l'avance et vous laissent ainsi beaucoup de temps lors du repas. En effet, il ne reste souvent que quelques minutes de cuisson à réaliser au dernier moment. Les ingrédients de certaines recettes sont également donnés pour une seule personne car, étant festives, elles sont ainsi plus faciles à adapter à votre nombre d'invités.

Vous l'aurez compris, dans cet ouvrage, tout a été mis en œuvre pour vous rendre la vie plus facile et vous aider à mincir sans vous priver.

Alors, à vos fourneaux, et bon appétit !

PS : Si vous souhaitez partager avec moi vos recettes les plus réussies ainsi que leur photo, n'hésitez pas à me les envoyer à votrecoach@lebootcamp.com. Chaque mois, nous tirerons au sort une gagnante, qui recevra une séance de coaching minceur par téléphone gratuite.

San Francisco, septembre 2012

DÉTOX

PETIT DÉJEUNER

APÉRITIF

ENTRÉES

GALETTE DE SARRASIN

Facile – Rapide

Végétalien – Sarrasin – Sans gluten *15 min*

Facile à préparer, et base de *La Méthode Orsoni, le régime des gourmandes*, cette recette de crêpe de sarrasin ne contient pas de gluten ! Pour gagner du temps le matin, vous pouvez faire votre pâte la veille au soir. Conservez-la dans le réfrigérateur. Mangez cette galette en y étalant une petite lichette de miel de sarrasin breton, une cuillerée de confiture de fraises – celle qui a l'indice glycémique le plus bas – ou, si comme moi vous aimez le salé, avec un peu de margarine non hydrogénée et une tranche de jambon blanc. Associée à un fruit, elle constitue un petit déjeuner délicieux et complet qui vous calera jusqu'au repas de midi sans risque d'hypoglycémie et qui, grâce aux propriétés amincissantes de ses prébiotiques, vous aidera à perdre du poids !

Pour 2 galettes : 40 g de farine de sarrasin • 10 cl d'eau • 1 pincée de sel

- Battez tous les ingrédients au fouet dans un saladier jusqu'à obtention d'une pâte liquide homogène.
- Faites chauffer la crêpière et versez-y à la louche la moitié de la pâte.
- Laissez cuire 2 à 3 minutes, puis retournez la galette pour faire cuire l'autre côté.
- Cuisez la seconde galette.

SOBACHA

Facile – Rapide

Végétalien – Sarrasin *15 min*

Il y a deux façons de réaliser cette recette. Vous pouvez acheter des graines de sarrasin déjà torréfiées chez votre marchand de produits bio. En général, ces graines proviennent de Chine ou du Japon et ce sont les meilleures pour l'infusion. Appelées aussi sarrasin des Tartares mais souvent kasha ou kosha, ces graines contiennent 80 à 200 fois plus de rutine, un antioxydant, que le sarrasin cultivé en Europe. Ou bien vous achetez des graines de sarrasin non torréfiées que vous faites griller dans une poêle sans matière grasse à feu doux, sans cesser de remuer. Attention : les graines doivent à peine colorer. Vous en aurez pour plusieurs jours.

Pour 1 personne : 1 cuill. à café de graines de sarrasin grillées • 1 rondelle de citron (facultatif)

- Portez 1 tasse d'eau à ébullition.
- Hors du feu, ajoutez les graines de sarrasin.
- Laissez infuser 10 minutes.
- Filtrez et laissez tiédir.
- Ajoutez éventuellement un filet de jus de citron et dégustez, soit uniquement le matin, soit, comme votre coach, tout au long de la journée.

BOOST BLEU

Rapide

Végétalien – Cru – Sans gluten *2 min*

» Outre la fraise et la pomme, riches en vitamine C et autres antioxydants puissants, ce Boost contient de la myrtille, aux multiples vertus. Sa richesse en anthocyanes lui confère des vertus protectrices du système cardio-vasculaire. Mais ce n'est pas tout ! Les vitamines E et C et la provitamine A qu'elle renferme en font également une protectrice des cellules nerveuses et de nombreux organes. Encore une recette gourmande aux mille et un bénéfices !

Pour 1 personne : 1 grosse poignée de myrtilles, fraîches ou surgelées • 5 fraises fraîches ou surgelées • 1 pomme avec la peau • Quelques mûres (ou plus de myrtilles)

- Rincez et essuyez les fruits frais.
- Mettez-les directement dans la centrifugeuse.
- Buvez immédiatement ce Boost car les antioxydants perdent de leur pouvoir très rapidement à l'air et à la lumière.
- Savourez !

Attention : si vous utilisez des fruits surgelés, ne les passez pas dans la centrifugeuse, au risque de l'abîmer, mais ajoutez-les au jus des autres fruits frais et passez le tout au blender.

SMOOTHIE FRAPPÉ

Rapide

Végétalien • Sans gluten — *10 min*

▶▶ Un délicieux smoothie pour faire le plein d'antioxydants et de fibres dès le réveil. Beaucoup d'agrumes et autres fruits, comme la mangue ou les abricots, peuvent contribuer à apporter un éclat naturel à votre peau. Vous pouvez aussi remplacer les abricots par une pêche ou une nectarine.

Pour 4 personnes : 1 mangue • 400 g d'abricots • 4 kiwis • 1 yaourt nature (au lait de vache ou végétal) • 10 ml de fleur d'oranger • 4 sachets de stevia, de Splenda ou 3 cuill. à soupe de miel • 4 glaçons

- Pelez et dénoyautez les fruits. Mixez les glaçons au blender.
- Ajoutez les fruits puis mixez à nouveau.
- Ajoutez la fleur d'oranger, le produit sucrant de votre choix et le yaourt.
- Mixez une dernière fois.
- Dégustez rapidement.

YAOURT STRACCIATELLA

Rapide

Végétarien • Sans gluten — *10 min*

▶▶ Une façon de se faire plaisir dès le matin. Accompagnez ce yaourt maison d'un fruit frais et d'une galette de sarrasin pour un petit déjeuner gourmand qui ravira petits et grands !

Pour 4 personnes : 4 yaourts brassés nature (au lait de vache ou végétal) • 3 carrés de chocolat noir pâtissier • 3 sachets de stevia, de Splenda ou 3 cuill. à soupe de miel • ½ cuill. à café d'extrait de vanille

- Mélangez les yaourts, l'extrait de vanille et le produit sucrant de votre choix.
- À l'aide d'un économe, réalisez des copeaux de chocolat.
- Incorporez les copeaux de chocolat au yaourt sucré.
- Servez dans des verrines.

YAOURT MUESLI-FRUITS ROUGES

Facile • Rapide

Végétarien — *5 min*

» Voilà un petit déjeuner complet et équilibré. Un yaourt nature pour le calcium et les protéines, des fruits rouges riches en antioxydants, vitamines et fibres, et enfin du muesli pour les glucides et l'énergie.

Pour 4 personnes : 4 yaourts brassés nature (au lait de vache ou végétal) • 50 g de muesli • 50 g de fruits rouges de votre choix

- Répartissez le muesli puis le yaourt dans des verres.
- Recouvrez de fruits rouges.
- Servez frais.

BOOST VERT RÉVEIL

Rapide

Végétalien • Cru • Sans gluten — *10 min*

» Voilà un Boost d'autant plus intéressant qu'il associe plusieurs nutriments santé qui doivent entrer dans nos habitudes alimentaires : provitamine A et vitamine C pour une peau ferme et lumineuse, fer, potassium, calcium pour notre santé cardio-vasculaire, mais aussi cérébrale. Le gingembre saura également vous redonner du tonus et vous aidera à mieux digérer. Vous m'en direz des nouvelles !

Pour 1 personne : 1 pomme avec la peau • 1 grosse feuille de cardon ou 1 poignée d'épinards • 1 branche de céleri • 4 fraises (surgelées ou fraîches, c'est tout aussi bon) • 1 carotte avec la peau • 1 tranche de gingembre frais

- Pelez la racine de gingembre. Rincez et essuyez les fruits et les légumes, mais ne les pelez pas.
- Mettez le tout dans la centrifugeuse.
- Buvez immédiatement ce Boost, car les antioxydants perdent de leur intensité très rapidement à l'air et à la lumière.
- Savourez !

Attention : si vous utilisez des fruits surgelés, ne les passez pas dans la centrifugeuse, au risque de l'abîmer, mais ajoutez-les au jus des autres fruits frais et passez le tout au blender.

SMOOTHIE FRAISES-BANANE

Rapide

Végétarien • Sans gluten — *10 min*

Un smoothie rafraîchissant qui allie l'acidité des fraises à la douceur de la banane. N'hésitez pas à remplacer le nectar d'agave par un peu de miel bio de votre choix, ou même de stevia.

Pour 4 personnes : 1 barquette de 500 g de fraises • 1 cuill. à soupe de nectar d'agave • 1 banane • 1 yaourt nature • 3 cuill. à café d'extrait de vanille

- Lavez et équeutez les fraises.
- Mixez la banane, les fraises, le yaourt nature, le nectar d'agave et la vanille dans un blender.
- Ajoutez des glaçons pour un effet rafraîchissant.

BOOST DÉTOXIFIANT

Rapide

Végétarien • Cru • Sans gluten — *5 min*

Le brocoli, au même titre que l'artichaut, a un puissant pouvoir détoxifiant grâce à ses flavonoïdes, et notamment le kaempférol. Il est préférable de le consommer légèrement cuit ou même cru, comme dans ce Boost. Le fenouil est dépuratif, mais il permet aussi de favoriser l'élimination des gaz. C'est donc véritablement l'ami du ventre plat.

Pour 1 personne : 100 g de brocoli • 30 g de fenouil • 1 carotte non pelée • le jus de 1 citron jaune

- Passez le brocoli, le fenouil et la carotte à la centrifugeuse.
- Ajoutez le jus de citron et servez aussitôt.

BOOST C

Rapide

Végétalien • Cru • Sans gluten *5 min*

» En plus de sa haute teneur en vitamine C, le kiwi est riche en fibres. Les 4 kiwis de ce délicieux Boost C vous apportent environ 10 g de fibres, soit près de 30 % de vos besoins quotidiens.

Pour 1 personne : 4 kiwis (pas trop mûrs sinon ils ne passent pas bien à la centrifugeuse) • 1 poire avec la peau • 1 pomme avec la peau

- Pelez les kiwis puis passez tous les fruits dans la centrifugeuse.
- Versez ce Boost dans un verre et dégustez sans plus attendre.

BOOST ÉCLAT DE LA PEAU

Rapide

Végétalien • Cru • Sans gluten *10 min*

» Avec plus de 95 % d'eau, le concombre est l'un des légumes les plus rafraîchissants. Il est de plus alcalinisant, c'est-à-dire qu'il aide le corps à se désacidifier. Associé à la menthe pour ses propriétés digestives et à l'ail pour ses effets bénéfiques sur la circulation sanguine, ce Boost éclat de la peau vous propose de détoxifier votre organisme, rendant votre peau plus éclatante, moins terne.

Pour 2 personnes : 2 concombres • 1 bouquet de feuilles de menthe fraîche • 1 cuill. à soupe de piment d'Espelette • 1 petite gousse d'ail épluchée et coupée en dés • Sel • 5 glaçons

- Pelez et épépinez les concombres, puis coupez-les en gros tronçons.
- Mixez tous les ingrédients ensemble.
- Servez sans plus attendre.

BOOST MELON-FRAISES

Rapide

Végétalien • Cru • Sans gluten *10 min*

» Un délicieux Boost sucré et acidulé pour l'été ! Réservez au frais vos fruits quelques minutes avant de le préparer afin d'en faire une boisson totalement rafraîchissante.

Pour 1 personne : 1 orange • 1 citron • 1 pomme avec la peau • 1 tranche de melon • 5 fraises

- Pelez l'orange, le citron et le melon. Épépinez le melon.
- Rincez les fraises et la pomme. Équeutez les fraises.
- Passez le tout dans la centrifugeuse.
- Dégustez !

SARRASIN AU LAIT VANILLÉ

Facile

Sarrasin *40 min*

» Une autre façon de déguster du sarrasin pour profiter de tous ses bienfaits.

Pour 1 personne : 40 g de graines de sarrasin grillées • 35 cl de lait écrémé (ou lait végétal) • 1 cuill. à soupe de miel • 1 cuill. à café d'extrait naturel de vanille

- Versez le lait dans une casserole à fond épais.
- Mettez tous les ingrédients dans le lait froid.
- Amenez lentement à ébullition sans faire déborder le lait.
- Comptez 30 minutes de cuisson à petits bouillons.
- Mélangez avec une cuillère en bois de temps en temps pour que la préparation n'accroche pas au fond de la casserole.
- Couvrez la casserole et laissez refroidir l'appareil dedans.
- Réservez au réfrigérateur puis dégustez.

COCKTAIL ACE

Rapide

Végétalien • Cru • Sans gluten *5 min*

➤ Le saviez-vous ? Le nom de ce cocktail à réaliser même en hiver provient de sa richesse en vitamines A, C et E. Tout est dit !

Pour 4 personnes : 4 oranges • 2 carottes avec la peau • 1 citron • 6 kiwis pelés et découpés en quatre

- Lavez les carottes et passez-les à la centrifugeuse.
- Pressez le citron et les oranges.
- Mixez ensemble le jus de carotte et d'agrumes.
- Transvasez le mélange dans un blender et ajoutez les kiwis.
- Mixez pendant 30 secondes et dégustez.

LAIT DE SARRASIN AUX AMANDES ET DATTES

Rapide

Végétalien • Sarrasin • Sans gluten *10 min*
+ 12 h de trempage

➤ Vous pouvez remplacer les amandes par des noisettes, des noix de Grenoble, des pignons de pin, des noix du Brésil ou de pécan. Les fruits oléagineux sont excellents puisqu'ils contiennent des bonnes graisses, essentielles à notre organisme.

Pour 50 cl : 6 cuill. à soupe de sarrasin non grillé décortiqué et trempé une nuit dans de l'eau fraîche • Une vingtaine d'amandes trempées une nuit dans l'eau • 2 dattes medjool hachées (ou 4 dattes) • 50 cl d'eau • 3 ou 4 gouttes d'extrait de vanille bio

- Mettez la moitié de l'eau dans un blender.
- Ajoutez les amandes, les dattes hachées et le sarrasin.
- Mixez pendant 1 minute environ.
- Ajoutez le reste de l'eau et la vanille, puis mixez de nouveau.
- Passez au chinois fin et pressez bien pour récupérer le liquide.
- Conservez la pulpe, qui peut servir dans une autre recette.
- Si nécessaire, sucrez avec un peu de stevia, de Splenda ou de nectar d'agave.

THÉ GLACÉ AU CITRON

Rapide

Végétalien • Cru • Sans gluten *5 min*

La fameuse recette du thé glacé au citron, sans le sucre et les calories. À consommer à volonté en période estivale !

Pour 1 personne : 2 sachets de thé noir type Darjeeling ou English Breakfast (déthéiné en fin d'après-midi afin d'éviter d'impacter votre sommeil) • 1 citron • 8 glaçons

- Faites infuser les sachets de thé dans 60 cl d'eau bouillante pendant 1 à 4 minutes selon la force désirée.
- Ajoutez des rondelles de citron au thé infusé.
- Laissez reposer au moins 15 minutes.
- Servez frais avec les glaçons, du sucre type stevia ou Splenda, ou un peu de nectar d'agave.

BEURRE D'AMANDES

Facile

Végétalien • Cru • Sans gluten *10 min + 12 h de trempage*

Ma recette maison du beurre d'amandes. Vous pouvez également en trouver dans les magasins d'alimentation biologique ou naturelle. Une alternative au beurre laitier, qui contient beaucoup de graisses saturées, mauvaises pour notre système cardio-vasculaire. Une alimentation saine et équilibrée, voilà la devise du BootCamp !

Pour 1 petit déjeuner : 2 poignées d'amandes fraîches • Un peu d'eau ou de jus d'orange

- Mettez les amandes fraîches à tremper dans de l'eau la veille au soir.
- Le lendemain, rincez les amandes à l'eau fraîche.
- Éventuellement, enlevez la petite peau brune des amandes (ce qui donnera un beurre à la couleur beige clair par opposition

au beige piqué de marron si vous conservez la peau. Le goût ne sera pas modifié fondamentalement).

- Mettez 2 poignées d'amandes fraîches et 2 cuill. à soupe de jus d'orange dans un blender puissant.
- Mixez jusqu'à obtention d'une pâte onctueuse.
- Si nécessaire, ajoutez un tout petit peu de jus d'orange (si le mélange bloque dans le blender), mais pas trop sinon le beurre d'amandes risque d'être trop liquide.

SMOOTHIE AUX MYRTILLES

Rapide

Végétalien • Cru • Sans gluten — *5 min*

Les myrtilles, comme toutes les baies, sont gorgées d'antioxydants, dont la fameuse lutéine, qui augmente très efficacement la quantité de lipides (graisses) à la surface de la peau, améliorant la tolérance au soleil, notamment la protection contre les ultraviolets et la susceptibilité aux brûlures (coups de soleil). La lutéine joue aussi un rôle avéré dans la protection de nos yeux grâce à son impact sur le taux de pigmentation de l'œil. Pensez-y !

Pour 4 personnes : 500 g de myrtilles fraîches ou surgelées • 2 cuill. à soupe de nectar d'agave • 10 glaçons • 2 bananes pelées • 50 cl de lait d'amande ou autre lait végétal

- Mettez tous les ingrédients dans un blender.
- Mixez pour réduire le tout en purée.
- Il ne vous reste plus qu'à savourer votre smoothie.

BARRES AUX BAIES DE GOJI

Difficile

Végétalien • Cru • Sans gluten

15 min
+ 36 h de trempage
+ 12 et 8 h de déshydratation

Les baies de goji contiennent de hautes propriétés antioxydantes et permettent d'ajouter un petit côté acidulé à ces barres croquantes. Cette recette nécessite un déshydrateur.

Pour 12 barres : 150 g d'amandes • 150 g de noisettes • 150 g de graines de tournesol • 150 g de graines de sésame • 150 g de baies de goji séchées • 4 pommes bio épépinées et coupées en morceaux • 80 g de noix de coco râpée • 1 cuill. à soupe de cannelle • Le jus de 1 citron

- Faites tremper 36 heures dans l'eau les amandes, les noisettes et les graines de tournesol.
- Changez l'eau 3 fois en cours de trempage.
- Faites tremper 6 heures les graines de sésame dans l'eau et réhydratez les baies de goji 30 minutes dans du thé chaud.
- Égouttez tous ces ingrédients, puis réduisez-les en petits morceaux au blender (mais ne laissez pas le mélange se transformer en pâte).
- Ajoutez les quartiers de pomme et la noix de coco, puis le jus de citron et la cannelle.
- Broyez le tout en plusieurs fois si nécessaire.
- Mélangez bien dans un saladier à l'aide d'une spatule.
- Étalez cette préparation sur les plateaux de votre déshydrateur recouvert de feuilles Teflex.
- Découpez-la au couteau pour obtenir des barres.
- Enfournez au déshydrateur pour 12 heures à 37 °C.
- Retirez les plateaux du four.
- Transférez les barres sur les grilles non Teflex de votre déshydrateur.
- Remettez au four 8 heures supplémentaires, à 37 °C ou plus selon le degré de « croustillance » désiré.

HUMMUS

Rapide

Végétarien • Sans gluten

5 min

Voici une recette pleine de goût et très saine idéale pour tremper des chips de pain pita ou pour remplacer le beurre sur des tartines de pain complet. Je conseille de toujours avoir cette préparation à portée de main pour répondre de manière saine aux petites fringales.

Pour 2 personnes : 1 petite boîte de pois chiches • Le jus de ½ citron • 3 cuill. à soupe d'huile d'olive • ½ cuill. à café de tahini ou tahiné (appelé aussi pâte ou crème de sésame) • 1 gousse d'ail pelée • Sel (mais peu car les pois chiches en conserve en contiennent déjà)

- Rincez les pois chiches pour éliminer une grande partie du sodium lié à la conservation.
- Mixez tous les ingrédients ensemble jusqu'à obtention d'une purée sans grumeaux.
- Certains préfèrent l'hummus moins fin. D'autres le préfèrent plus liquide ; il suffit pour cela d'ajouter un peu d'eau jusqu'à obtention de la consistance désirée.
- Variantes : vous pouvez ajouter 2 cuill. à café de cumin ou 2 cuill. à café de paprika, ou encore quelques champignons de Paris.

TORTILLA DE POULET À L'AVOCAT

Facile • Rapide • Familial

15 min

Voilà une recette qui fait toujours fureur à la maison lorsque je reçois des amis. Facile à réaliser, elle plaît aussi bien aux petits qu'aux grands. Idéale pour les apéros improvisés ou en petite entrée.

Pour 1 personne : 1 tortilla sans gluten à base de riz ou de maïs (boutiques de produits bio) ou 1 tortilla classique, complète de préférence • L'équivalent de la paume de la main de blanc de poulet déjà cuit coupé en petits morceaux (un reste de poulet peut très bien faire l'affaire) • ¼ d'avocat tranché • 1 poignée de fromage de soja ou de riz, ou de mozzarella allégée • Huile d'olive

- Déposez la tortilla dans une poêle bien chaude et très légèrement graissée au pinceau de quelques gouttes d'huile d'olive.
- Répartissez dessus le fromage, les morceaux de poulet et l'avocat.
- Pliez la tortilla en deux, et faites-la chauffer jusqu'à ce que le fromage fonde.
- Coupez des petites parts et servez immédiatement.

SAUCE COCKTAIL

Facile • Rapide

Végétalien • Sans gluten

5 min + 10 min de réfrigération

Généralement servie avec des crevettes cuites décortiquées pour l'apéritif.

Pour 2 personnes : 6 cuill. à soupe de ketchup • 2 cuill. à soupe de raifort • 4 cuill. à soupe de jus de citron • Sel aromatisé au céleri • Tabasco

- Mélangez soigneusement le ketchup, le raifort et le jus de citron.
- Ajoutez du sel au céleri et du Tabasco selon vos goûts (attention : quelques gouttes suffisent).
- Mettez au frais avant de déguster.

GUACAMOLE

Rapide

Végétalien • Cru • Sans gluten

10 min + 1 h de réfrigération

Encore une recette pleine d'ingrédients frais si riches en nutriments essentiels. L'avocat est certes riche en lipides, mais les graisses qu'il contient ne sont pas saturées et permettent de lutter très efficacement contre le mauvais cholestérol, et donc contre l'hypertension et autres troubles cardio-vasculaires. Des études américaines récentes ont démontré que manger un demi-avocat par jour pendant 3 semaines pouvait diminuer de plus de 8 % le taux de mauvais cholestérol.

Pour 6 personnes : 6 avocats mûrs • ¼ d'oignon • ½ tomate • Coriandre fraîche • Le jus de 1 citron vert • Sel

- Dénoyautez les avocats.
- Émincez finement l'oignon et la tomate (si vous en avez le temps, épépinez la tomate).
- Écrasez et mélangez tous les ingrédients à la main (jamais au mixeur si vous souhaitez éviter l'effet « bouillie d'avocat » ; on doit sentir les différents ingrédients).
- Ajoutez de la coriandre fraîche finement ciselée aux ciseaux ou avec un petit robot à herbes aromatiques. Salez selon votre goût.
- Couvrez d'un film plastique et mettez au frais pendant 1 heure.

CAVIAR D'AUBERGINES À LA FETA

Facile • Familial

1 h 15
+ 2 à 3 h de réfrigération

Un recette que vous pouvez déguster avec du pain pita complet, mais aussi en guise d'assaisonnement pour vos sandwiches, à la place du beurre, ou bien encore en dip avec des chips de maïs. Pensez également aux verrines !

Pour 2 personnes : 4 ou 5 grosses aubergines • 200 g de feta • 3 petites tomates bien mûres • 1 oignon émincé • Le jus de 1 à 2 citrons • 2 cuill. à soupe de persil ciselé • 12 cl d'huile d'olive

- Piquez les aubergines et faites-les cuire au four 1 heure à 150 °C (th. 5).
- Laissez-les refroidir puis raclez la chair avec une petite cuillère (ne prélevez surtout pas de peau, elle donnerait un gout très amer à la préparation).
- Coupez la feta en petits morceaux et laissez-la égoutter quelques minutes.
- Pelez et concassez les tomates puis faites-les dégorger.
- Mélangez les tomates, la chair des aubergines, l'oignon, le jus des citrons et le persil.
- Ajoutez doucement l'huile d'olive et passez le tout au blender.
- Réservez au frais 2 à 3 heures et dégustez.

ROULÉS DE CRUDITÉS AU JAMBON CRU

Facile

Sans gluten

20 min

▶▶ Voilà un apéritif original et raffiné pour les amateurs de bonne charcuterie. Eh oui, un petit plaisir de temps en temps, en gardant toujours un œil sur les quantités. Accompagné de légumes crus et d'une sauce légère, cet apéritif ne devrait pas peser bien lourd sur la balance !

Pour 4 personnes : 4 fines tranches de jambon cru • 1 tronçon de concombre de 160 g • 100 g de carottes • 1 belle pomme verte • 4 cuill. à café de Savora • 4 cuill. à soupe de jus de citron • 1 cuill. à soupe d'huile de sésame

- Coupez le concombre en deux dans la longueur. Ôtez les pépins à la petite cuillère et coupez la chair en bâtonnets.
- Coupez la pomme en quatre, épépinez-la et taillez-la en bâtonnets.
- Mélangez le concombre et la pomme, répartissez-les en 4 fagots au centre des 4 tranches de jambon, puis formez des rouleaux.
- Piquez ces roulés avec des cure-dents pour les maintenir en place.
- Préparez la sauce : battez le jus de citron avec la Savora et ajoutez l'huile.
- Présentez les roulés et la sauce à part.

ROULÉS DE SAUMON À L'ANANAS

Facile • Rapide

Sans gluten

15 min

▶▶ Découvrez cette association étonnante du saumon et de l'ananas. Bien qu'il ne soit pas un « brûle-graisses », comme on peut le lire dans les magazines féminins, l'ananas est cependant très riche en bonnes enzymes digestives ainsi qu'en vitamines.

Pour 1 personne : 1 tranche d'ananas frais pelé • 1 tranche de saumon fumé • Des piques

- Détaillez la tranche d'ananas en 8 quartiers.
- Enroulez chaque quartier dans un petit bout de saumon et maintenez avec une pique.
- C'est prêt !

TIAN DE LÉGUMES

Facile • Familial

Végétalien • Sans gluten *1 h 30*

En entrée ou plat principal, voilà une recette simple à préparer, qui vous fera faire le plein de bons légumes et de vitamines et qui se congèle très bien. Une recette de base à avoir dans ses tiroirs !

Pour 2 personnes : 2 tomates • 1 poivron rouge • 1 poivron vert • 1 poivron jaune • 1 aubergine • 2 gousses d'ail • Thym • 4 cl d'huile d'olive • Sel, poivre

- Coupez les poivrons en deux et égrénez-les.
- Émincez tous les légumes.
- Hachez les gousses d'ail et déposez-les au fond d'un plat à four huilé.
- Disposez les légumes en les alternant et en les serrant bien.
- Émiettez le thym sur le dessus. Salez, poivrez et arrosez d'huile d'olive.
- Faites cuire ce tian au four 50 minutes à 200 °C (th. 6-7).
- Ajoutez éventuellement du fromage à gratiner pour les 5 dernières minutes.

SOUPE DE POIS À LA BRUXELLOISE

Facile

Sans gluten *30 min*

Le chou de Bruxelles présente l'avantage de favoriser le transit intestinal, c'est donc un aliment intéressant en période de détox ! Il est également riche en sels minéraux, comme le calcium et le magnésium.

Pour 6 personnes : 2 litres de bouillon de poule • 400 g de petits pois frais ou surgelés • 2 grosses pommes de terre • 300 g de choux de Bruxelles • 1 cuill. à soupe de margarine non hydrogénée • Sel, poivre

- Pelez les pommes de terre et coupez-les grossièrement.
- Mettez-les dans un grand faitout avec les petits pois et les choux de Bruxelles.
- Couvrez du bouillon de volaille et faites cuire 20 minutes à feu moyen. Pour savoir si la soupe est prête à être moulinée, vérifiez la consistance des pommes de terre : si elles s'écrasent facilement avec une fourchette, la soupe est prête.
- Moulinez les légumes directement dans le faitout. Ajoutez la margarine, rectifiez l'assaisonnement et servez bien chaud.

SALADE DE LAITUE, FIGUES ET MELON

Facile • Rapide

Végétalien • Cru • Sans gluten — *10 min*

Une recette fraîche très rapide à faire et pleine de bons antioxydants !

Pour 4 personnes : 1 laitue lavée • ½ melon de Cavaillon frais (ou billes surgelées) • 4 figues fraîches • 4 cuill. à soupe d'huile d'olive • 2 cuill. à soupe de vinaigre balsamique • Ciboulette ciselée (facultatif) • Sel, poivre

- Lavez et séchez délicatement les figues puis détaillez-les en petits dés.
- Coupez le melon en petits morceaux ou, mieux, prélevez des billes à l'aide d'une cuillère parisienne.
- Mélangez les dés de figue et le melon avec la laitue coupée en lanières.
- Arrosez d'huile et de vinaigre et mélangez délicatement pour éviter d'écraser les figues.
- Salez, poivrez et parsemez éventuellement de ciboulette ciselée.
- Savourez sans plus attendre !

TIMBALES DE COURGETTES À LA FETA

Familial

Végétarien • Sans gluten *40 min*

» Découvrez une autre manière de consommer des courgettes dans cette entrée originale. Une bonne façon de commencer votre repas en faisant le plein de fibres pour vous caler de manière saine.

Pour 4 personnes : 4 courgettes moyennes • 50 g de farine de pois chiches ou de farine complète • 15 cl de crème fraîche allégée ou de crème de soja • 100 g de feta • 1 cuill. à soupe de thym émietté • 1 gousse d'ail écrasée en purée • 2 cuill. à soupe de margarine non hydrogénée • Sel, poivre

- Préchauffez le four à 180 °C (th. 6).
- Lavez les courgettes, ôtez les extrémités et râpez-les grossièrement dans une passoire. Salez, mélangez et laissez dégorger 10 minutes.
- Égouttez soigneusement les courgettes, en les pressant bien, et versez-les dans un saladier.
- Ajoutez la farine, la crème, le thym, du poivre, la purée d'ail et la feta en morceaux.
- Mélangez soigneusement.
- Graissez 4 ramequins, répartissez-y la préparation et enfournez pour 20 minutes.
- Dégustez ces timbales avec une salade de mâche.

ÉMINCÉ DE CÉLERI AU ROQUEFORT

Facile • Rapide

Végétarien • Sans gluten *15 min*

» N'oubliez pas que vous pouvez consommer aussi bien les feuilles de céleri que les branches. Vous dégusterez cet émincé sur une tranche de pain complet ou en accompagnement d'une grillade de poulet ou de jambon cuit sans gras.

Pour 1 personne : 200 g de céleri branche • 50 g de roquefort • 1 yaourt nature • Sel, poivre blanc

- Coupez le céleri branche en tout petits tronçons après en avoir retiré les fils éventuels en tirant dessus avec un couteau depuis l'extrémité.
- Plongez-le dans 2 cm d'eau bouillante salée, laissez bouillir 2 à 3 minutes (il doit rester croquant), égouttez-le et refroidissez sous le robinet.
- Mélangez le roquefort et le yaourt, poivrez.
- Ajoutez le céleri refroidi et réservez au frais jusqu'au moment de servir.

GASPACHO PASTÈQUE-TOMATE

Facile

Végétalien • Sans gluten — *30 min*

Voilà une recette qui, tout en vous désaltérant, saura vous donner bonne mine. La pastèque et la tomate sont aujourd'hui connues (et reconnues !) pour leur richesse exceptionnelle en lycopène, un antioxydant puissant, capable de lutter efficacement contre les radicaux libres et donc contre le vieillissement prématuré. Il jouerait ainsi un rôle dans la prévention de certains cancers, des maladies cardio-vasculaires et même du diabète. Alors ne vous en privez pas…

Pour 4 personnes : 3 verres de pastèque épépinée et réduite en purée au blender • 1 verre de pastèque coupée en petits dés • 1 verre de petits cubes de tomates (épépinées) • 1 verre de concombre pelé, épépiné et coupé en petits dés • ½ poivron rouge ou vert coupé en petits dés • 2 cuill. à soupe de jus de citron vert • 1 petite poignée de coriandre fraîche ciselée • 1 cuill. à café de gingembre frais émincé ou en poudre • ½ petit jalapeño ou autre piment (facultatif) • 1 petit oignon grelot avec 2 cm de la partie verte émincé (hors saison, pas de panique, rabattez-vous sur un petit oignon normal) • 1 cuill. à café de sel marin, poivre

- Pour une présentation tout en contraste, avec le rouge et le vert, mélangez dans un grand saladier la pastèque en morceaux et en purée, les tomates, le concombre, le poivron, le jus de citron vert, la coriandre, le gingembre, éventuellement le piment, l'oignon et le sel.

- Poivrez et ajoutez un peu plus de sel si vous trouvez que le plat en manque.
- Conservez ce gaspacho au réfrigérateur jusqu'au moment de servir.

SALADE DE ROQUETTE, CHAMPIGNONS, RAISINS

Facile • Rapide

Végétarien • Sans gluten *15 min*

On ne peut pas concentrer dans une pilule tous les antioxydants présents dans les fruits et les légumes, il faut donc manger un peu de tout, et le plus souvent possible !

Pour 4 personnes : 1 sachet de roquette • 100 g de champignons de Paris • 50 g de raisins secs • 2 cuill. à soupe de soyonnaise (mayonnaise de soja, voir recette p. 207) • Huile de colza • Vinaigre balsamique • Sel, poivre

- Mettez tous les légumes et les raisins secs dans un grand saladier.
- Ajoutez de l'huile, du vinaigre et la soyonnaise, salez et poivrez.
- Mélangez.

SALADE RAFRAÎCHISSANTE

Rapide

Végétalien • Cru • Sans gluten *10 min*

Une recette 100 % détox grâce au pamplemousse, à l'avocat, au cresson et à la menthe qu'elle contient !

Pour 2 personnes : 1 pamplemousse rose ou pomelo • 1 botte de cresson • 1 avocat • 2 cuill. à café de vinaigre balsamique • 4 feuilles de menthe fraîche • 1 vingtaine de pignons de pin • 1 orange

- Épluchez à vif le pomelo et coupez-le en petits dés.
- Lavez le cresson et effeuillez-le.
- Pelez l'avocat, coupez-le en deux ; retirez le noyau et coupez la chair en dés.

- Mélangez le pamplemousse, le cresson et l'avocat.
- Préparez la sauce fraîche à la menthe et aux pignons : ciselez les feuilles de menthe et pressez l'orange.
- Ajoutez le vinaigre balsamique au jus d'orange, puis les feuilles de menthe ciselées et les pignons. Mélangez bien.
- Mettez cette sauce au frais 5 minutes avant de la verser sur la salade.

SALADE AUX TROIS CHOUX SAUCE LÉGÈRE À L'AIL

Facile

Végétalien • Sans gluten

10 min + 30 min de repos pour la sauce

Dans leur paquetage, en plus de la farine et du sel, les soldats romains avaient du chou, source de vitamine C. Le rôle que joue cette vitamine dans l'organisme va au-delà de ses propriétés antioxydantes. Elle contribue aussi à la santé des os, des dents et des gencives. De plus, elle favorise l'absorption du fer que renferment les végétaux, protège contre les infections et accélère la cicatrisation. La vitamine C est détruite au-dessus de 38 °C ; il est donc préférable de consommer les aliments qui en contiennent crus.

Pour 4 personnes : 150 g de chou-fleur en petits bouquets • 150 g de chou rouge émincé • 150 g de chou vert émincé • 150 g de tofu nature taillé en petits cubes • 3 cuill. à soupe d'huile de colza • 1 cuill. à soupe de vinaigre balsamique • 1 cuill. à café d'estragon ciselé • 1 gousse d'ail • Sel, poivre • ½ citron pour la déco

- Disposez dans les assiettes les bouquets de chou-fleur, le chou vert, le chou rouge et les dés de tofu.
- Préparez la vinaigrette : écrasez au pilon la gousse d'ail dans un bol. Salez et poivrez. Ajoutez le vinaigre et mélangez bien.
- Laissez reposer 30 minutes puis ajoutez l'huile en petit filet, en mélangeant vivement.
- Ajoutez 2 cuill. à soupe d'eau tiède et fouettez énergiquement pour que la sauce monte bien. Incorporez l'estragon.
- Versez la sauce sur la salade et mélangez.

SALADE LIBANAISE

Rapide

Végétalien • Sans gluten

10 min

▶▶ Un petit goût de Moyen-Orient pour un plat léger et plein d'antioxydants. Le concombre est aussi votre allié pour maintenir l'équilibre acido-basique de votre corps à un niveau optimum.

Pour 1 personne : 1 tomate • 1 concombre perse ou 1 tronçon de 4 cm de concombre classique • 8 olives noires dénoyautées • 2 cuill. à café de pignons de pin • 1 cuill. à café de vinaigre de vin rouge • 1 cuill. à soupe d'huile végétale • Sel, poivre • Quelques cubes de feta (facultatif)

- Rincez et séchez la tomate et le concombre.
- Coupez-les grossièrement dans un petit saladier. Ajoutez les olives et les pignons.
- Assaisonnez de l'huile d'olive, du vinaigre, de poivre et de sel.
- Dégustez.
- Pour varier les plaisirs, vous pouvez ajouter des cubes de feta.

SOUPE DE CÉLERI-RAVE ET NOIX GRILLÉES

Végétarien • Sans gluten

45 min

▶▶ **Le saviez-vous ?** Selon certaines études, la consommation régulière de noix réduirait le risque de maladies cardio-vasculaires. Une étude réalisée auprès de 30 000 sujets a démontré que les sujets qui consommaient des noix au moins cinq fois par semaine réduisaient le risque de problèmes coronariens de 50 % comparativement à ceux qui en mangeaient moins d'une fois par semaine.

Pour 4 personnes : 100 g de noix • 1 gros céleri-rave • 4 carottes • 1 oignon émincé • 1 gousse d'ail écrasée • 1 feuille de laurier • Huile d'olive

- Faites griller les noix à sec dans une poêle, gardez-en quelques-unes pour la décoration puis écrasez les autres grossièrement.
- Épluchez le céleri-rave et les carottes et détaillez-les en petits morceaux.

- Faites revenir l'oignon et l'ail dans l'huile d'olive pendant 5 minutes.
- Ajoutez les légumes et laissez revenir encore quelques minutes.
- Recouvrez d'eau et ajoutez le laurier et les noix.
- Salez et poivrez.
- Laissez cuire 30 minutes environ. Les légumes sont prêts lorsque le céleri peut facilement s'écraser à la fourchette.
- Mixez assez longuement pour bien réduire les noix en purée.
- Servez dans des bols et décorez de quelques cerneaux de noix grillés.

SOUPE DE POIS CHICHES ET TOMATES

Facile

20 min

Une soupe chaude originale, riche en fibres et complète, qui peut convenir en plat principal, accompagnée d'une tranche de pain complet, par exemple.

Pour 4 personnes : 2 poireaux lavés et émincés • 2 courgettes détaillées en cubes • 2 gousses d'ail • 1 litre de bouillon de poule • 1 boîte de pois chiches • 400 g de tomates concassées • 200 g d'épinards frais ou surgelés • 2 cuill. à soupe d'huile d'olive • Sel (avec modération car le bouillon en contient déjà), poivre

- Faites chauffer l'huile dans un petit faitout.
- Ajoutez les poireaux et les cubes de courgette.
- Faites-les revenir 5 minutes, en remuant souvent.
- Ajoutez les gousses d'ail pressées, les tomates concassées, les pois chiches et le bouillon de poule.
- Faites cuire à feu moyen durant 10 minutes.
- Coupez grossièrement les épinards et ajoutez-les à la soupe.
- Poivrez.
- Laissez cuire encore 3 minutes.
- Rectifiez l'assaisonnement en sel si nécessaire.
- Servez chaud, avec un peu de parmesan pour une version plus riche.

SOUPE DE CONCOMBRE AUX PETITS-SUISSES

Facile

Végétarien • Sans gluten *15 min + 45 min de réfrigération*

» Une soupe froide à déguster durant la belle saison !

Pour 3 personnes : 1 concombre pelé • 2 petits-suisses allégés • 10 feuilles de menthe • 2 g d'agar-agar en poudre • Sel, poivre

- Coupez le concombre en gros tronçons et mixez-le dans un blender avec 12 cl d'eau, les petits-suisses, la menthe, du sel et du poivre.
- Diluez l'agar-agar dans 10 cl d'eau froide, puis portez le mélange à ébullition au moins 30 secondes.
- Ajoutez-le à la préparation au concombre dans le blender.
- Mixez à nouveau au moins 30 secondes.
- Vérifiez l'assaisonnement, puis versez dans des verrines.
- Réservez au frais au moins 45 minutes avant de déguster.

SAUCE AVOCAT-CAYENNE

Facile • Rapide

Végétalien • Cru • Sans gluten *5 min*

» Voici une solution pour réduire considérablement la quantité de matières grasses dans votre sauce de salade. L'avocat permet d'homogénéiser la sauce afin que l'eau ne se sépare pas du reste des ingrédients, pour une belle sauce épaisse.

Pour 4 personnes : 1 avocat • 2 cuill. à soupe de jus de citron • 1 cuill. à soupe d'huile d'olive • 1 cuill. à café de sel et de poivre mélangés • 1 pincée de poivre de Cayenne

- Pelez l'avocat, coupez-le en deux, retirez le noyau et coupez la pulpe en morceaux.
- Mixez tous les ingrédients avec 25 cl d'eau jusqu'à d'obtenir un mélange onctueux.
- Cette sauce se conserve 3 jours au réfrigérateur.

SANDWICH SAUMON, TOMATE ET AVOCAT

Facile • Rapide

15 min

Ce sandwich complet est idéal si vous devez prendre votre repas « sur le pouce » au bureau, sur la route ou en vacances, afin d'éviter les sandwiches tout prêts du commerce et les fast-food beaucoup trop gras !

Pour 1 personne : 1 ou 2 mini-baguettes (en fonction de votre appétit !) ou 2 tranches de pain complet • 1 cuill. à soupe de soyonnaise (voir recette p. 207) • 2 à 4 tranches de tomate (égouttées pour éviter de transformer le sandwich en bouillie au bout de 2 heures) • 2 tranches d'avocat • Un peu de saumon en boîte • Sel, poivre

- Toastez le pain.
- Badigeonnez l'intérieur des sandwiches de soyonnaise.
- Égouttez le saumon en boîte et étalez-en un peu dans les sandwiches.
- Ajoutez les tranches de tomate et d'avocat.
- Salez légèrement et poivrez.
- Bon appétit !

DOS DE CABILLAUD EN CROÛTE D'HERBES

Facile • Familial

Sans gluten

15 min

Avec une salade verte et des fruits frais en dessert, voilà un exemple de plat gourmand à servir entre amis ou en famille.

Pour 4 personnes : 4 filets de cabillaud • 1 œuf • 100 g d'amandes en poudre • 20 cl de crème liquide • 2 cuill. à soupe de jus de citron • 2 cuill. à soupe de coriandre ciselée • 2 cuill. à soupe de persil ciselé • 1 cuill. à café de curry • Huile • Sel, poivre

- Mélangez la poudre d'amande, le curry, la coriandre, le persil, du sel et du poivre dans une assiette creuse.
- Fouettez l'œuf en omelette dans une autre assiette.

- Passez successivement les filets de cabillaud dans l'œuf puis dans le mélange aux amandes, en pressant légèrement afin que la poudre d'amande aux herbes et aux épices colle à la chair du poisson.
- Faites cuire les filets 4 minutes de chaque côté dans une poêle chaude avec un peu d'huile.
- Réservez le poisson sur une assiette, couvrez d'aluminium ménager.
- Versez la crème liquide dans la même poêle, faites réduire 2 minutes.
- Ajoutez le jus de citron.
- Servez le poisson accompagné de cette sauce au citron sans plus attendre.

SUSHIS DE CONCOMBRE AU CRABE

Difficile

Sans gluten — *15 min*

» Une très jolie entrée pour impressionner vos convives avec peu de calories ! Multipliez les quantités en fonction du nombre d'invités.

Pour 1 personne : • 1 boîte de miettes de crabe (100 g environ) égouttées • 2 mini-concombres perses ou ½ concombre classique • Quelques brins de ciboulette • 1 gousse d'ail hachée ou de l'ail en poudre • Soyonnaise (mayonnaise de soja, voir recette p. 207) • Sel, poivre • Coriandre fraîche (facultatif)

- Pelez les concombres et coupez-les en tronçons de 2 cm environ.
- Creusez-les à la petite cuillère pour éliminer les pépins. Réservez.
- Mettez le crabe égoutté dans un bol.
- Ajoutez la soyonnaise, l'ail, la ciboulette ciselée, du poivre et du sel si nécessaire.
- Mélangez bien et farcissez les tronçons de concombre de cet appareil.
- Disposez-les sur une assiette et décorez éventuellement de coriandre fraîche.

TORTILLA AVOCAT-SAUMON

Facile • Rapide

5 min

» Le saumon apporte des graisses « saines » (oméga-3) qui contribuent à faire baisser le taux de cholestérol LDL (ce que nous appelons le « mauvais cholestérol »). C'est une de mes recettes préférées que je partage ici avec vous. J'en mange au moins une fois par semaine. Un petit péché mignon qui ne fait pas basculer la balance du mauvais côté.

Pour 1 personne : 1 tortilla au blé complet (si vous trouvez des tortillas aux graines germées, c'est encore mieux) • ½ avocat bien mûr • 1 cuill. à soupe de soyonnaise (mayonnaise au soja, voir recette p. 207) • saumon fumé • Le jus de 1 citron (facultatif) • Sel

- Faites chauffer la tortilla dans une poêle chaude pendant 2 minutes puis déposez-la sur une assiette.
- Étalez la soyonnaise dessus et ajoutez des petits bouts d'avocat, éventuellement quelques gouttes de jus de citron, puis des petits morceaux de saumon fumé. Salez (très peu) si nécessaire.
- Pliez la tortilla en deux et faites-la chauffer encore 30 secondes.
- Savourez.

AVOCAT AUX CREVETTES

Facile • Rapide

Sans gluten

10 min

» Cette recette rapide est une manière agréable de savourer votre quota journalier de vitamine E. Eh oui, l'avocat est l'un des végétaux qui en contiennent le plus !

Pour 1 personne : 1 petit avocat coupé en deux et dénoyauté • 100 g de crevettes cuites et épluchées • ½ cuill. à soupe de jus de citron • 1 cuill. à soupe de soyonnaise (mayonnaise au soja, voir recette p. 207) • 1 petite tomate coupée en dés • Sel, poivre • Persil pour la déco

- Mélangez dans un bol les crevettes, la soyonnaise, le jus de citron, les dés de tomate, du sel et du poivre.
- Remplissez chacune des moitiés de l'avocat de ce mélange.
- Décorez de persil juste avant de servir.

CREVETTES GRILLÉES AU LAIT DE COCO

Facile • Rapide

Sans gluten

20 min

» Bonne nouvelle pour celles et ceux qui doivent suivre un régime pauvre en cholestérol : les crevettes, roses ou grises, contiennent beaucoup de stérols, des lipides qui vont inhiber l'absorption d'une partie du cholestérol du repas.

Pour 2 personnes : 500 g de crevettes fraîches crues (si possible sauvages) • 2 pommes granny-smith pelées et coupées en petits cubes • Thym • Le jus de 2 citrons verts • Lait de coco allégé (1 petite boîte de conserve ou, mieux, du lait de noix de coco frais, que l'on trouve de plus en plus facilement dans les boutiques bio) • Curry • Huile de colza (en vaporisateur) • Beurre • Sel

- Préchauffez la poêle à feu moyen et faites revenir les petits cubes de pomme dans 1 noisette de beurre. Remuez à feu doux jusqu'à ce que les cubes deviennent tendres (mais pas en compote).
- Préchauffez une autre poêle vaporisée d'un peu d'huile de colza.
- Faites-y revenir les crevettes jusqu'à ce qu'elles soient bien cuites.
- Ajoutez les cubes de pomme cuits, le jus de citron vert, le lait de coco, le thym émietté et du sel.
- Retirez du feu et ajoutez un peu de curry en poudre.
- Servez de suite, car ce plat n'est pas très bon réchauffé. Accompagnez d'une timbale de riz thaï complet.

SAINT-JACQUES SUR LIT DE POIREAUX ET MORILLES

Facile

Sans gluten

35 min

» Une recette savoureuse alliant les parfums subtils et délicats des saint-jacques et des morilles, trop souvent associées aux viandes et non aux poissons.

Pour 6 personnes : 600 g de grosses noix de saint-jacques • 6 morilles ou autres champignons détaillés en tout petits morceaux • 2 blancs de poireau en julienne • 20 g de margarine non hydrogénée • 2 échalotes émincées • 10 cl de vin blanc sec • Sel, poivre

- Faites chauffer la moitié de la margarine dans une poêle et faites-y revenir les poireaux et les échalotes sans les laisser colorer.
- Ajoutez le vin blanc, le thym et les morilles, puis amenez à ébullition.
- Salez, poivrez.
- Laissez cuire 15 minutes à frémissement.
- Dans une autre poêle, faites rissoler les coquilles Saint-Jacques 3 à 4 minutes dans le reste de margarine.
- Salez et poivrez.
- Déposez un lit de poireaux aux morilles sur chaque assiette et surmontez-les de quelques saint-jacques.
- Servez bien chaud.

SALADE NIÇOISE

Facile • Familial

Sans gluten — *20 min*

Une délicieuse salade rafraîchissante. Un grand classique que vous pouvez adapter à votre guise en remplaçant, par exemple, le poivron vert par des haricots verts, les tomates par des tomates cerises, etc.

Pour 4 personnes : 4 tomates • 4 œufs • 2 petits oignons • 1 petit poivron vert • 200 g de thon au naturel • 4 filets d'anchois • Quelques olives noires • Quelques feuilles de basilic • 8 à 10 radis • Vinaigre de vin rouge • Huile d'olive • Sel, poivre

- Faites cuire les œufs dans l'eau bouillante pendant 8 minutes après ébullition.
- Faites-les refroidir et écalez-les.
- Coupez les oignons, les tomates, le poivron, les radis, et émiettez le thon bien égoutté.
- Mélangez le tout.
- Ajoutez les filets d'anchois, les olives, les œufs durs tranchés et le basilic ciselé.
- Préparez une vinaigrette et assaisonnez la salade.
- Bon appétit !

TIMBALE CRABE-AVOCAT

Facile

Sans gluten

30 min

▶▶ Cette recette nécessite un cercle de cuisine en métal assez haut.

Pour 1 personne : 1 tomate • 1 petite boîte de crabe émietté • ½ avocat émincé • Le jus de 1 citron vert • 1 cuill. à soupe d'huile d'olive • 1 pincée de basilic séché

- Découpez la tomate en dés.
- Faites-la mariner pendant 10 minutes dans l'huile d'olive, le jus de citron et le basilic. Posez le cercle en métal au centre d'une assiette et disposez la tomate au fond. Pressez bien.
- Ajoutez les miettes de crabe puis l'émincé d'avocat.
- Pressez bien et démoulez.
- Pour décorer, laissez libre cours à votre imagination.
- Bon appétit !

CHICKEN NOODLE SOUP

Facile • Familial

30 min

Aux États-Unis, quand on est malade, on mange de la chicken soup, une soupe à base de bouillon de poule auquel on ajoute des petits légumes et des pâtes. En quelques années, c'est vite devenu une de mes soupes favorites, qui réchauffe et remet d'aplomb en quelques minutes.

Pour 2 personnes : 1 litre de bouillon de poule dégraissé • 1 carotte pelée et détaillée en petits cubes • 1 côte de céleri détaillée en petits morceaux • 175 g de vermicelles ou de nouilles (du riz peut tout aussi bien faire l'affaire) • 2 blancs de poulet détaillés en petits morceaux • Poivre selon les goûts

- Versez le bouillon de poule dans une casserole et portez à ébullition.
- Ajoutez la carotte, le céleri et le poulet, et laissez cuire à petit feu jusqu'à ce que les légumes et le poulet soient cuits.
- Dix minutes avant la fin de la cuisson, versez le vermicelle.
- Dès que le vermicelle est cuit, retirez du feu et servez dans des assiettes creuses.

PILONS DE POULET AUX OIGNONS

Facile • Familial

Sans gluten

45 min

Un régal très simple à préparer. Idéal pour un buffet ou pour faire plaisir aux enfants. Prévoyez des sauces variées (et légères) pour tremper le poulet !

Pour 4 personnes : 8 pilons de poulet • 4 gros oignons • 1 cuill. à café de gingembre • 2 cuill. à soupe d'huile • Sel, poivre

- Épluchez les oignons et émincez-les.
- Faites-les revenir à feu doux dans une sauteuse avec un peu d'huile d'olive. (Confire des oignons prend du temps, et augmenter le feu n'accélérera pas le processus chimique nécessaire, cela fera juste brûler les oignons !)
- Dès que les oignons commencent à attacher, ajoutez un peu d'eau.

- Remuez régulièrement et ajoutez de l'eau au fur et à mesure, pour les laisser progressivement caraméliser.
- Faites revenir les pilons de poulet dans une seconde sauteuse, avec 1 cuill. à soupe d'huile d'olive.
- Comme pour les oignons, ajoutez de l'eau si nécessaire au fil de la cuisson.
- Salez, poivrez, couvrez, et laissez cuire environ 20 minutes.
- Lorsque les oignons sont confits, réservez-les.
- Au terme de la cuisson du poulet, présentez 2 pilons dans chaque assiette, accompagnés d'oignons confits. Dégustez bien chaud !

SAUCE BARBECUE MAISON (POUR ACCOMPAGNER UNE VIANDE)

Facile • Rapide

Végétalien • Sans gluten

25 min

Une délicieuse sauce barbecue maison qui accompagnera tous vos petits plats. Elle se conserve quelques jours au réfrigérateur, et peut donc être réalisée à l'avance. N'hésitez pas à varier les quantités de certains ingrédients selon que vous la préférez plus sucrée, plus relevée ou au contraire plus riche en tomate...

Pour 6 personnes : 6 cuill. à soupe d'huile d'olive • 2 oignons finement hachés • 200 g de concentré de tomates • 4 cuill. à soupe de vinaigre de cidre • 4 cuill. à soupe de miel liquide • 1 dl de vin blanc • 1 dl de sauce Worcestershire • 1 cuill. à café de moutarde de Dijon • Un peu de thym, de persil et d'estragon ciselés • 2 gousses d'ail dégermées hachées • Sel, poivre

- Faites chauffer l'huile d'olive dans une petite casserole.
- Ajoutez les oignons et faites-les cuire 5 minutes à feu doux.
- Ajoutez le concentré de tomates et le vinaigre puis portez à ébullition pendant 2 minutes.
- Ajoutez le vin blanc, la sauce Worcestershire, la moutarde et le miel, puis les herbes et l'ail.
- Laissez mijoter 10 à 15 minutes.
- Salez et poivrez. Mixez pour obtenir une sauce onctueuse.
- Dégustez !

CŒURS D'ARTICHAUTS FARCIS

Facile • Rapide

Végétarien — *15 min*

Une nouvelle façon de farcir les légumes, sans viande et avec des champignons. Un vrai régal !

Pour 2 personnes : 8 cœurs d'artichauts surgelés • 300 g de champignons • 2 gousses d'ail • 1 échalote • 1 biscotte aux céréales complètes • Quelques brins de persil • Sel, poivre

- Faites cuire les cœurs d'artichauts dans l'eau salée.
- Émincez les champignons et l'échalote ; hachez l'ail.
- Mettez-les à étuver dans une poêle puis passez-les au mixeur avec le persil.
- Garnissez les cœurs d'artichauts du mélange de champignons.
- Émiettez la biscotte sur les artichauts farcis et servez.

FONDUE D'AUBERGINES AU CUMIN

Facile

Végétalien • Sans gluten — *35 min*

L'aubergine est un légume savoureux, peu calorique, riche en fibres et en antioxydants, c'est un allié de choix pour les gourmandes au régime.

Pour 4 personnes : 3 aubergines moyennes détaillées en gros cubes • 1 oignon rouge pelé et émincé • 2 gousses d'ail pelées et hachées • Huile d'olive • Margarine non hydrogénée • Sel, poivre • ½ cuill. à café de cumin • Coriandre ciselée (facultatif)

- Faites chauffer un peu d'huile et de margarine dans une casserole. Ajoutez l'oignon et l'ail. Faites-les caraméliser durant 10 minutes, en remuant souvent.
- Ajoutez un peu d'eau si les oignons attachent.
- Lorsque les oignons sont cuits, réservez-les.
- Remettez un peu d'huile dans la même casserole et faites-y revenir les morceaux d'aubergine. Ajoutez un peu d'eau.
- Salez, poivrez puis saupoudrez du cumin.

- Couvrez puis laissez cuire 10 à 15 minutes, en remuant de temps en temps.
- Cinq minutes avant la fin de la cuisson, ajoutez les oignons caramélisés.
- Laissez mijoter quelques minutes encore, puis servez ces aubergines éventuellement parsemées de coriandre.

TARTELETTES À LA TOMATE

Facile • Familial

Végétarien

30 min

Ces tartelettes peuvent être servies avec un peu de tapenade à l'apéritif ou en accompagnement d'une salade pour un dîner léger.

Pour 6 personnes : 1 pâte brisée • 3 tomates • Gruyère, fromage de soja ou de riz • Huile d'olive • Sel, poivre • 2 cuill. à soupe de moutarde de Dijon • Thym (facultatif) • Tapenade (facultatif)

- Étalez la pâte et découpez-y des disques avec un verre ou un emporte-pièce rond.
- Disposez ces disques de pâte sur une plaque de cuisson. Badigeonnez-les de moutarde.
- Préchauffez le four à 180 °C (th. 6).
- Rincez et essuyez les tomates.
- Détaillez-les en fines tranches et disposez 1 tranche sur chaque disque de pâte. Salez, poivrez.
- Recouvrez d'un peu de fromage, et éventuellement de thym et de tapenade, puis d'un filet d'huile d'olive. Salez et poivrez.
- Faites cuire les tartelettes pendant 20 minutes, ou jusqu'à ce que le fromage soit fondu et doré.

JARDINIÈRE DE LÉGUMES

Familial

Végétalien — *30 min*

▶▶ Voilà une belle jardinière maison composée de courgettes, poivrons et petits pois et parfumée à la cannelle ! Une façon originale de marier les légumes.

Pour 4 personnes : 8 petites courgettes détaillées en cubes • 1 poivron rouge détaillé en dés • 250 g de petits pois frais ou surgelés • 1 oignon pelé • 1 gousse d'ail pelée et écrasée • Sel, poivre • Cannelle • 3 cuill. à soupe d'huile d'olive • Quelques brins de coriandre

- Coupez l'oignon en petits morceaux et faites-le revenir à feu moyen dans une sauteuse avec l'huile d'olive.
- Dès qu'il devient translucide, ajoutez les courgettes et le poivron.
- Salez, poivrez et saupoudrez légèrement de cannelle.
- Couvrez et laissez cuire environ 15 minutes.
- Ajoutez un peu d'eau (ou de bouillon de légumes ou de poule) si les légumes commencent à attacher au fond de la sauteuse.
- Au terme des 15 minutes, ajoutez les petits pois et mélangez.
- Laissez mijoter encore 5 minutes, puis vérifiez la cuisson des courgettes avant de les retirer du feu.
- Parsemez de coriandre ciselée.
- Servez chaud, avec une viande ou un poisson grillés, ou du poisson cuit à la vapeur.

SALADE FRISÉE AUX FLOCONS D'AVOINE

Facile • Rapide

Végétalien — *15 min*

▶▶ Découvrez une autre façon de consommer des flocons d'avoine dans cette salade rafraîchissante. Pour commencer votre repas en faisant le plein de fibres et vous caler de manière saine !

Pour 4 personnes : 1 sachet de salade frisée • 10 tomates cerises • 1 cuill. à soupe de pignons de pin • 1 cuill. à soupe de flocons d'avoine • 1 échalote finement ciselée • 1 cuill. à café

de ciboulette ciselée • 1 vinaigrette à base de soyonnaise (soyonnaise, voir recette p. 207 + 2 cuill. à soupe de vinaigre + 1 cuill. à soupe d'huile d'olive + 2 cuill. à soupe d'eau, sel et poivre)

- Déposez la salade dans un saladier assez grand.
- Rincez les tomates et coupez-les en deux.
- Ajoutez-les à la frisée.
- Parsemez des pignons, des flocons d'avoine, de l'échalote et de la ciboulette.
- Versez la vinaigrette sur la frisée.
- Mélangez bien et réservez au frais jusqu'au moment de servir.

SALADE DE SARRASIN AU FENOUIL

Végétarien • Sarrasin

20 min

Une entrée croquante à souhait. Faites le plein d'antioxydants, et notamment de polyacétylènes du fenouil, qui posséderaient des vertus anti-cancer.

Pour 4 personnes : 200 g de sarrasin • 50 cl de bouillon de légumes • 1 petit bulbe de fenouil (avec son petit toupet vert) émincé en fine julienne • 1 oignon nouveau (avec le vert) émincé • 6 tranches de tomates séchées réhydratées, confites dans l'huile d'olive (ou des dés de tomates fraîches) • Le jus de 3 citrons verts • Huile essentielle de pépins d'orange (facultatif) • 3 cuill. à soupe d'huile d'olive • Sel, poivre

- Faites dorer les graines de sarrasin avec un peu d'huile d'olive dans une casserole à fond épais.
- À coloration couvrez-les de bouillon et faites-les cuire 10 minutes puis égouttez-les, en les rafraîchissant sous le robinet d'eau froide.
- Versez les graines de sarrasin dans un saladier.
- Ajoutez les tomates confites coupées en petits dés, l'oignon et la julienne de fenouil.
- Arrosez avec le jus de citron, de l'huile d'olive et, éventuellement, 4 à 6 gouttes d'huile de pépins d'orange.
- Salez et poivrez.
- Mélangez bien et réservez au frais jusqu'au moment de servir.

TARTE TATIN AUX AUBERGINES

Familial

Végétarien

1 h

▶▶ La recette préférée de notre chef Anissa. Une des miennes aussi, car elle est tellement bonne que perdre du poids devient un pur plaisir !

Pour 6 personnes : 2 ou 3 belles aubergines • 1 gousse d'ail • Le jus de ½ citron • 6 tomates séchées • 50 g de pignons de pin • Quelques brins de romarin ou de thym • 4 cuill. à soupe d'huile d'olive • 1 cuill. à soupe de sucre en poudre • 220 g de pâte feuilletée ou brisée • Gros sel, poivre

- Lavez et coupez les aubergines en tranches de 1 cm d'épaisseur.
- Saupoudrez-les de gros sel et laissez-les dégorger environ 30 minutes.
- Puis retirez l'excédent de sel et séchez chaque tranche.
- Pelez, dégermez et hachez l'ail.
- Faites revenir doucement les tranches d'aubergine à la poêle dans l'huile d'olive avec l'ail, le jus de citron et du poivre.
- Laissez tiédir les tranches légèrement dorées.
- Préchauffez le four à 180 °C (th. 6).
- Coupez les tomates séchées et hachez le romarin.
- Grillez les pignons à la poêle.
- Huilez le fond d'un moule à tarte puis saupoudrez-le de sucre.
- Parsemez-le de pignons, de romarin et de tomates séchées.
- Enfin, ajoutez les tranches d'aubergine, en les faisant se chevaucher.
- Couvrez de la pâte et piquez le dessus à la fourchette.
- Enfournez jusqu'à ce que la pâte soit joliment dorée (entre 20 et 30 minutes).
- Démoulez à la dernière minute afin que la pâte reste bien croustillante.

PALETS DE SARRASIN AUX LÉGUMES

Rapide

Végétalien • Sarrasin • Sans gluten *15 min*

» Exit les sandwiches, les palets s'installent à la table de nos déjeuners ! Pratiques, ils peuvent être élaborés à l'avance et se conservent facilement. Un atout pour vos repas sur le pouce et votre ligne.

Pour 4 personnes : 1 bol de graines de sarrasin cuites • 1 carotte râpée • 1 oignon émincé • 100 g de champignons de Paris coupés en lamelles • 1 cuill. à soupe de persil plat haché • 1 pincée de thym et d'origan séchés • 1 cuill. à soupe de tahiné (pâte de sésame) • 1 œuf

- Mélangez tous les ingrédients dans un saladier. Préchauffez le four à 200 °C (th. 6-7).
- Posez une feuille de papier cuisson sur la plaque du four.
- Déposez-y de petits tas de préparation de la grosseur de 1 cuill. à soupe bombée, en les espaçant bien.
- Enfournez pour quelques minutes (les palets doivent rester souples sous le doigt).
- Vous pouvez aussi les faire cuire à la poêle quelques minutes de chaque côté.

Accompagnés de crudités, ces petits palets feront un excellent repas végétarien à emporter au bureau, en voyage, en pique-nique, etc.

RIZ AU PISTOU

Facile • Familial

Végétalien • Sans gluten *20 min*

» Voici une recette aussi agréable à déguster en été qu'en hiver, et facile à réaliser.

Pour 4 personnes : 250 g de riz complet • 50 g de feuilles de basilic • 3 gousses d'ail • 50 g de pignons de pin • 15 cl d'huile d'olive

- Faites cuire le riz selon les instructions portées sur le paquet, égouttez puis réservez.
- Mettez le basilic, l'ail pelé, les pignons et l'huile dans le bol

du robot pour préparer le pistou. Mixez jusqu'à obtention d'une purée fine.

- Versez le riz cuit dans un saladier et ajoutez du pistou en plusieurs fois pour ne pas en mettre trop.
- Mettez du riz au pistou dans un verre, compactez bien et démoulez doucement au centre des assiettes.
- Conservez le reste de pistou au frais pour accompagner un autre plat.

TAGLIATELLES AUX CHAMPIGNONS FORESTIERS

Facile • Familial

Végétarien

30 min

Les pâtes ne font pas grossir, d'autant que le blé dur des pâtes sèches possède un IG moyen, qui est encore diminué par une cuisson al dente. Cela dit, comme pour toute bonne chose, il est préférable de conserver la taille de ses portions sous contrôle pour pouvoir manger de tout sans faire pencher la balance du mauvais côté. Les tagliatelles (complètes si possible) apportent des fibres, les champignons sont une belle source de sélénium. À savourer avec modération.

Pour 4 personnes : 250 g de tagliatelles sèches • 150 g de champignons sauvages (ou de champignons de Paris) nettoyés • 1 échalote pelée • 1 cuill. à soupe de crème fraîche allégée • 2 cuill. à soupe d'huile d'olive • Persil plat • Sel, poivre

- Émincez les champignons ainsi que l'échalote.
- Faites-les revenir dans une sauteuse avec l'huile d'olive.
- Plongez les tagliatelles dans l'eau bouillante salée pendant environ 10 minutes.
- Dès qu'elles sont cuites al dente, égouttez-les et ajoutez-les aux champignons.
- Remuez, poivrez et ajoutez la crème fraîche. Décorez avec le persil ciselé.
- Dégustez aussitôt !

ROLLS DE CAROTTE

Facile

Végétalien • Sans gluten *25 min*

Une recette étonnante et très belle grâce à laquelle vous allez épater votre entourage, c'est certain ! Un plat sain, complet, facile à préparer et qui fait sensation.

Pour 2 personnes : 400 g de carottes de gros calibre • 50 g de riz rond à risotto • Curry ou cumin • Sel, poivre

- Faites cuire le riz dans l'eau bouillante salée.
- En fin de cuisson, quand toute l'eau a disparu, ajoutez l'épice et mélangez. Laissez refroidir.
- Coupez les carottes pelées en tronçons de 4 cm environ. Faites un trou au centre avec un vide-pomme. Passez les carottes à la vapeur pendant 5 minutes, afin qu'elles restent croquantes mais soient plus faciles à mâcher que crues.
- Garnissez l'intérieur de riz épicé.
- Servez ces rolls de carotte debout.

SPAGHETTIS ROSSINI

Facile • Familial

Végétalien *30 min*

Laissez-vous surprendre par le délicat parfum de l'aubergine dans cette sauce tomate maison. Déclinez cette recette à l'infini : poivron jaune, poivron rouge, courgettes, aubergine blanche, etc.

Pour 4 personnes : 200 g de spaghettis • 1 aubergine • 100 g de champignons • 1 boîte de sauce tomate • 1 oignon • 1 gousse d'ail écrasée • Huile d'olive • Herbes de Provence • Sel, poivre

- Faites cuire les spaghettis dans un grand volume d'eau bouillante salée.
- Pendant ce temps, faites revenir l'oignon émincé et l'ail dans un faitout avec un peu d'huile d'olive.
- Lavez, séchez l'aubergine puis détaillez-la en petits cubes et ajoutez-les aux oignons.

- Quand l'aubergine est quasi cuite, ajoutez la sauce tomate et laissez mijoter 5 à 10 minutes.
- Salez, poivrez et ajoutez les herbes de Provence.
- Égouttez les spaghettis et mettez-les dans le faitout.
- Mélangez bien et laissez mijoter encore quelques instants afin que les pâtes prennent le goût de la sauce.
- Dégustez bien chaud, avec un peu de parmesan.

TOURTE AUX LÉGUMES GRILLÉS

Facile • Familial

Végétarien

30 min

Une tourte méditerranéenne végétarienne. À déguster chaude ou froide, été comme hiver...

Pour 6 personnes : 1 aubergine coupée en tranches et grillée • 1 courgette coupée en tranches et grillée • 1 poivron rouge grillé en lamelles • 1 poignée d'épinards cuits et égouttés • 2 cuill. à soupe de tapenade aux olives noires • 2 cuill. à café d'huile d'olive • 1 pâte feuilletée • 1 jaune d'œuf battu • Sel, poivre

- Préchauffez le four à 180 °C (th. 6).
- Beurrez un plat à cake et garnissez-le de pâte feuilletée, en laissant bien déborder la pâte de chaque côté pour pouvoir en recouvrir la tourte.
- N'oubliez pas de la piquer avec une fourchette.
- Faites des couches des légumes grillés, d'épinards et de tapenade jusqu'à épuisement des ingrédients, sans oublier de poivrer, de saler et de napper chaque couche d'un peu d'huile d'olive.
- Fermez complètement la tourte en rabattant la pâte feuilletée.
- Faites un trou au milieu avec un couteau, et badigeonnez de jaune d'œuf battu au pinceau.
- Enfournez pour 20 minutes, ou jusqu'à ce que le dessus soit bien doré.
- Laissez la tourte refroidir avant de la démouler.
- Découpez-la en tranches et servez sur un lit de mâche.

RIZ À L'ORIENTALE

Facile

Végétarien 30 min

» Voilà une autre façon de manger du riz, avec un petit goût de là-bas grâce au cumin, et les papilles titillées par les différentes épices et herbes aromatiques ! Accompagnez ce plat de légumes grillés et de légumineuses (lentilles, pois chiches), et vous aurez un repas végétarien complet, offrant un bel apport protéinique.

Pour 4 personnes : 250 g de riz complet • 1 cuill. à café de margarine non hydrogénée • 1 cuill. à café d'huile d'olive • ½ oignon haché grossièrement • 1 cuill. à café de paprika • 1 cuill. à café de cumin • ½ cuill. à café de piment de Cayenne (facultatif) • 1 cube de bouillon de légumes • 50g de raisins secs • Quelques brins de coriandre hachés • Amandes effilées • Sel, poivre

- Faites revenir l'oignon haché avec l'huile et la margarine dans une casserole antiadhésive.
- Laissez cuire durant 3 à 4 minutes, jusqu'à ce que l'oignon devienne translucide.
- Ajoutez le paprika, le cumin et, éventuellement, le piment de Cayenne, puis mélangez. Retirez du feu.
- Dans une autre casserole, faites cuire le riz dans le bouillon selon les instructions portées sur le paquet.
- Lorsque le riz est cuit, égouttez-le et ajoutez-le à l'oignon.
- Mélangez bien.
- Remettez sur le feu quelques minutes afin que le riz prenne le goût des épices. Servez bien chaud, avec les amandes effilées, les raisins secs et la coriandre hachée.

TARTE À LA TOMATE ET AUX PORTOBELLOS

Facile • Familial

Végétarien 30 min

» Le portobello est le plus gros de tous les champignons domestiques. C'est une bonne source de sélénium et de vitamines B2 et B3.

Pour 6 personnes : 1 pâte feuilletée ou brisée • 2 beaux champignons portobello ou 500 g de champignons de Paris • 2 tomates coupées en tranches • 1 gousse d'ail hachée • 2 brins de thym • 1 feuille de laurier • 2 cuill. à soupe d'huile d'olive • Sel, poivre • Fromage râpé allégé en matières grasses (ou fromage de soja ou de riz)

- Garnissez un moule à tarte de la pâte.
- Essuyez les champignons avec du papier absorbant, puis coupez-les en tranches.
- Versez l'huile d'olive dans une casserole et ajoutez l'ail et les champignons.
- Remuez puis ajoutez le thym et le laurier.
- Salez, poivrez et faites cuire quelques minutes à couvert, le temps que les champignons deviennent tendres. Puis retirez le couvercle et poursuivez la cuisson jusqu'à ce que tout le liquide s'évapore.
- Préchauffez le four à 180 °C (th. 6).
- Étalez un peu de fromage sur la pâte.
- Répartissez-y les champignons (ôtez la feuille de laurier et les brins de thym) et les tranches de tomate.
- Parsemez du reste de fromage et enfournez pour 20 à 30 minutes.
- Dégustez cette tarte bien chaude, avec une salade de votre choix.

CHOU BRAISÉ

Facile

Sans gluten

1 h

Les champignons shiitake se marient parfaitement avec le chou, qui fournit des fibres, excellentes pour la santé. La dinde apporte des protéines faciles à absorber et pauvres en graisses saturées.

Pour 4 personnes : 1 chou • 5 champignons shiitake coupés en quatre (ou des crimini, ou des champignons blancs de Paris) • 1 gousse d'ail • 250 g de dinde hachée • Sauce soja • Margarine non hydrogénée

- Hachez finement le chou.
- Mettez-le dans un faitout et faites-le revenir dans la margarine pendant environ 20 minutes, à feu moyen et sans cesser de remuer.
- Ajoutez les champignons et laissez-les cuire à feu doux.
- Faites revenir la dinde et l'ail dans une poêle.

- Ajoutez 2 cuill. à soupe de sauce soja, mélangez et versez sans attendre le contenu de la poêle dans le faitout du chou qui mijote.
- Mélangez et baissez le feu au minimum.
- Ajoutez encore 2 cuill. à soupe de sauce soja. Mélangez et laissez mijoter 20 minutes.
- N'ajoutez surtout pas de sel, la sauce soja en contenant déjà une belle quantité.
- Dégustez bien chaud.

SOUPE DE CAROTTES ET CHAMPIGNONS AU SARRASIN

Rapide

Végétarien • Sarrasin — *15 min*

Une soupe chaude délicate inspirée des mets asiatiques. Pour varier, vous pouvez également conserver les légumes dans le bouillon sans les mixer et présenter cette soupe en entrée dans de petits bols chinois.

Pour 4 personnes : 1,5 litre de bouillon de volaille ou de légumes • 4 grosses carottes épluchées et coupées en rondelles • 4 champignons de Paris émincés • 1 oignon paille émincé • 1 gousse d'ail écrasée • 2 cm de racine de gingembre • 100 g de graines de sarrasin • 1 petit bouquet garni • Huile d'olive ou margarine non hydrogénée • Sel, poivre du moulin

- Couvrez les carottes de bouillon dans une casserole et portez à ébullition.
- Salez, poivrez, ajoutez le bouquet garni, couvrez et baissez le feu jusqu'au petit bouillon.
- Pendant ce temps, faites revenir l'oignon et l'ail dans un peu d'huile ou de magarine.
- À coloration, ajoutez les champignons.
- Mélangez puis versez le tout dans la casserole des carottes.
- Ajoutez le sarrasin en grains.
- Faites bouillir 10 minutes.
- Enlevez le bouquet garni.
- Mixez au mixeur plongeur.
- Râpez le gingembre au-dessus de la soupe.
- Dégustez !

TARTE COMPLÈTE À LA CAROTTE

Facile

Végétarien

30 min

» Ma recette de grand-mère, pour bluffer les amateurs de tartes ! La pâte complète a un index glycémique bas et ne fait donc pas monter subitement le taux de sucre dans le sang.

Pour 1 personne : 1 carotte • 75 g de farine de blé complète bio • 10 g de margarine non hydrogénée • 1 cuill. à soupe de crème allégée • 1 cuill. à soupe de fromage râpé allégé • Un peu d'eau • Sel, poivre

- Lavez la carotte et épluchez-la.
- Faites-la cuire à la vapeur.
- Écrasez-la à la fourchette, ajoutez la crème et le fromage râpé, puis réservez.
- Tamisez la farine puis versez-la dans un saladier.
- Coupez la margarine en dés et incorporez-les à la farine.
- Travaillez grossièrement la pâte et roulez-la en boule. (Si la pâte est trop sèche, ajoutez un peu d'eau. Si, au contraire, elle attache trop, ajoutez un peu de farine.)
- Préchauffez le four à 180 °C (th. 6).
- Étalez la pâte au rouleau, puis garnissez-en un moule à tartelette.
- Piquez le fond avec une fourchette et nappez-le de la purée de carottes.
- Enfournez pour une vingtaine de minutes.

TARTE ANANAS-NOIX DE COCO

Facile • Familial

Végétarien *50 min*

▶▶ Pour un dessert qui ravira petits et grands, essayez cette tarte à l'ananas et à la noix de coco au goût aussi exotique que raffiné.

Pour 6 personnes : 1 pâte brisée à la farine complète (ou une pâte classique toute faite si vous n'avez pas le temps) • 1 gros ananas frais • 50 g de noix de coco râpée • 1 sachet de sucre vanillé • ½ cuill. à café de gingembre en poudre (facultatif) • 2 cuill. à soupe rase de sucre roux • 2 cuill. à café d'extrait de vanille • 15 g de margarine non hydrogénée

- Faites préchauffer le four à 180 °C (th. 6). Étalez la pâte dans un moule à tarte.
- Épluchez l'ananas, retirez le cœur et coupez-le en 10 tranches.
- Faites fondre la margarine dans une poêle et faites-y revenir 8 tranches d'ananas.
- Saupoudrez de sucre vanillé et laissez caraméliser quelques minutes, en retournant souvent les tranches d'ananas.
- Mettez le reste de l'ananas dans un mixeur avec l'extrait de vanille, le sucre, la noix de coco râpée et le gingembre.
- Mixez jusqu'à obtenir un mélange homogène.
- Versez le tout dans une casserole et laissez réduire pendant quelques minutes pour que cette compote d'ananas épaississe un peu.
- Nappez-en la pâte à tarte.
- Disposez les tranches d'ananas caramélisées au-dessus.
- Enfournez pour 35 minutes environ.
- Laissez refroidir et saupoudrez la tarte de noix de coco râpée.

SALADE VITAMINÉE AU QUINOA

Facile • Rapide

Végétalien *15 min*

▶▶ Voilà un dessert original. L'alliance du quinoa et des fruits frais est étonnante. Troquez votre recette de salade de fruits contre celle-ci, vous ne serez pas déçue !

Pour 3 personnes : 3 oranges • 2 kiwis • 8 fraises • 40 g de quinoa • 3 pincées de cannelle • 1 cuill. à soupe de nectar d'agave • 5 gouttes d'extrait de vanille

- Faites cuire et refroidir le quinoa.
- Pelez 2 oranges et les 2 kiwis. Coupez les kiwis en rondelles et les oranges en quartiers ; émincez les fraises. Mélangez tous les fruits.
- Pressez la dernière orange. Mélangez le jus d'orange, le nectar d'agave, et l'extrait de vanille.
- Servez la salade de fruits avec le quinoa dans des coupes, arrosez de jus d'orange puis saupoudrez de cannelle.
- Servez frais.

CHEESECAKE CITRON-NOIX DE CAJOU

Difficile

Végétalien • Cru • Sans gluten — *30 min + 1 h de réfrigération*

Qui n'aime pas le cheesecake ? Cependant on l'évite souvent, car il est chargé en lipides et en graisses saturées mauvaises pour notre santé. Voilà une petite variante tout aussi excellente en termes de goût mais bien meilleure pour la santé. Attention ! ce gâteau reste calorique, alors on le déguste avec modération. À base de noix de cajou, excellentes pour le cœur, cette recette vous apportera du phosphore pour votre mémoire, ainsi que des vitamine B9 et E que vous savez excellentes pour la peau mais aussi pour lutter contre les agressions extérieures et nous protéger de l'action négative des radicaux libres.

Pour 10 personnes. *Pour le fond de pâte :* 500 g d'amandes (avec la peau brune) • ¼ de cuill. à café d'extrait de vanille • 1 pincée de sel • 65 g de dattes dénoyautées grossièrement hachées • *Pour la garniture :* 750 g de noix de cajou trempées dans l'eau 4 heures minimum et grossièrement concassées • 375 g de lait d'amande ou de lait de soja, de noix de coco ou de noisettes • Le jus de 1 citron • 200 g de nectar d'agave • 1 cuill. à café d'extrait de vanille • 2 pincées de sel • 3 cuill. à soupe de lécithine de soja (magasin bio) • 200 g de beurre de noix de coco nature (liquéfié en mettant le pot fermé sous l'eau chaude ou au soleil)

- Mettez les amandes, la vanille et le sel dans le bol de votre mixeur et réduisez-les en poudre.
- Tout en mixant, ajoutez les dattes et mixez jusqu'à ce que se forme une boule de pâte.
- Étalez cette pâte dans un moule à cheesecake à fond amovible graissé de beurre de noix de coco.
- Préparez la garniture en mélangeant les noix de cajou, le lait d'amande, le jus de citron, le nectar d'agave, la vanille et le sel.
- Puis incorporez soigneusement la lécithine et le beurre de noix de coco jusqu'à obtenir un mélange homogène.
- Versez cette préparation sur le fond de pâte et faites prendre au frais pendant 1 heure ou jusqu'à ce que le gâteau soit complètement ferme.
- Démoulez délicatement le cheesecake et servez les parts garnies de 1 tranche de citron.

GRANITÉ DE PAPAYE

Rapide

Végétalien • Cru • Sans gluten — *15 min*

» La papaye est parfois appelée le nouvel élixir de jouvence. En effet, sa teneur importante en provitamine A et en vitamines C et E en fait une source considérable d'antioxydants. Ainsi elle serait capable de prévenir l'apparition de certains cancers ou des maladies cardio-vasculaires. Elle aurait aussi des effets très bénéfiques sur le système immunitaire. Un petit plaisir aux multiples vertus !

Pour 2 personnes : 1 papaye • 5 glaçons • 1 cuill. à soupe de nectar d'agave • 5 gouttes d'extrait de vanille • Quelques feuilles de menthe pour décorer

- Coupez la papaye en deux.
- Raclez la chair et mettez-la dans le bol du mixeur.
- Ajoutez les glaçons, l'extrait de vanille et le nectar d'agave.
- Mixez jusqu'à obtenir un granité pas trop liquide.
- Versez dans des coupelles et décorez de feuilles de menthe.
- Savourez sans plus tarder.

COMPOTE DE RHUBARBE AUX FRAISES

Facile

Végétalien • Sans gluten — *20 min*

La rhubarbe est à la base un légume, mais on la consomme comme un fruit. Attention ! On ne mange que les tiges, car les feuilles contiennent de l'acide oxalique, nocif. La rhubarbe est riche en fibres, calcium et vitamine K.

Pour 4 personnes : 800 g de tiges de rhubarbe • 200 g de fraises • 50 g de sucre en poudre bio • stevia, ou Splenda

- Équeutez les fraises et coupez-les en morceaux.
- Pelez la rhubarbe et coupez-la en petits tronçons.
- Faites cuire les morceaux de rhubarbe avec le sucre dans une casserole.
- Dès que la rhubarbe fond, ajoutez les fraises.
- Laissez mijoter encore 10 minutes. Si vous souhaitez un goût plus sucré, ajoutez le produit sucrant de votre choix.
- Mettez la compote au réfrigérateur dès qu'elle aura refroidi.

ATTAQUE

PLATS VÉGÉTARIENS

DESSERTS

LAIT D'AMANDE

Facile • Rapide

Végétalien • Cru • Sans gluten — *5 min + 12 h de trempage*

▶▶ Selon des études très récentes menées par des laboratoires américains, les amandes seraient de véritables petits concentrés santé. Leur enveloppe contient en effet de nombreux antioxydants qui, associés à la vitamine E, préviennent l'apparition du mauvais cholestérol en l'empêchant de s'installer sur les parois de nos artères. Il ne faut certes pas en abuser du fait de leur fort apport énergétique, mais elles représentent un allié incontournable pour notre santé cardio-vasculaire.

Pour 1 personne : 1 poignée d'amandes fraîches trempées toute la nuit dans l'eau • ½ cuill. à café d'extrait de vanille (facultatif) • 1 cuill. à soupe de nectar d'agave ou de miel (facultatif)

- Le soir, avant de vous coucher, mettez les amandes à tremper dans un bol d'eau fraîche, en les recouvrant bien, car elles vont gonfler pendant la nuit.
- Le matin, égouttez les amandes, mettez-les avec 3 fois leur volume d'eau fraîche dans un blender et mixez pendant 2 minutes.
- Passez ce mélange laiteux au chinois très fin : vous obtenez du lait d'amande.
- Pour en adoucir le goût, vous pouvez ajouter un peu de vanille et de nectar d'agave (ou du miel, ou de la stevia…).
- Pour en faire un petit smoothie du matin, mixez en même temps 1 banane et/ou tout autre fruit rouge de votre choix.

CROUSTINOISETTE

Difficile

Végétalien • Cru • Sans gluten — *30 min + 2 fois 12 h de déshydratation*

▶▶ Mon petit déjeuner préféré du moment. Notez qu'avec ces ingrédients vous pourrez faire 12 petits déjeuners. Pour réaliser cette recette, vous aurez besoin d'un déshydrateur.

Pour 12 portions : 300 g de noisettes fraîches et 100 g d'amandes trempées 1 nuit dans l'eau • 50 g de graines de tournesol sans la coquille trempées 2 heures dans l'eau • 5 dattes dénoyautées • Raisins secs ou baies séchées • 1 pomme coupée en quartiers (ou 1 poire ou 1 papaye, ou tout autre fruit assez juteux) • 125 ml de sirop d'érable ou de nectar d'agave • 50 g de flocons de noix de coco (facultatif) • 1 pincée de cannelle

- Mélangez les graines de tournesol, les raisins secs, les dattes, la pomme et le sirop d'érable dans le bol du mixeur.
- Réduisez le tout en purée puis ajoutez la cannelle.
- Transvasez cette préparation dans un grand saladier.
- Sans rincer le bol du mixeur, mettez-y les amandes et les noisettes égouttées.
- Réduisez-les en muesli et non pas en beurre d'amandes et de noisettes.
- Ajoutez ce muesli puis les flocons de noix de coco à la purée.
- Mélangez bien et étalez cette préparation sur 3 feuilles Teflex.
- Déshydratez à 38 °C maximum pendant 6 à 12 heures, selon que vous les voulez plus ou moins croustillantes, puis retournez les plaques de croustinoisettes et transférez-les sur des plateaux de déshydratation classiques, et déshydratez à nouveau pendant 12 heures.
- À l'issue de la déshydratation, retirez les plateaux du déshydrateur et laissez reposer 10 minutes.
- Concassez cette plaque de céréales à votre convenance.
- Le croustinoisette se conserve 15 jours dans une boîte hermétique.

Astuce : vous pouvez décorer vos desserts glacés et vos compotes de bouts de croustinoisette de la taille de grandes chips.

ABRICOTS À LA FLEUR DE LAVANDE

Facile • Familial

Végétalien

20 min

L'abricot s'accorde à merveille avec la lavande. Dégustez ces petits feuilletés lors d'un brunch ou en collation, par exemple.

Pour 4 personnes : 600 g d'abricots frais bio • 8 feuilles de bricks • 4 cuill. à soupe de miel • 6 cuill. à soupe d'huile d'olive • 2 cuill. à soupe de sucre glace ou de Splenda • 1 cuill. à café de fleurs de lavande de culture bio

- Préchauffez le four à 210 °C (th. 7).
- Découpez 16 carrés d'environ 12 cm dans les feuilles de bricks.
- Badigeonnez-les d'huile d'olive au pinceau sur les 2 faces, et déposez-les sur une plaque du four.
- Enfournez et laissez dorer 3 minutes.
- Épluchez, dénoyautez et détaillez les abricots en grosses lamelles.
- Versez l'huile restante, le miel et la lavande dans une sauteuse à fond épais.
- Faites-y caraméliser les abricots, en les tournant avec une cuillère de bois.
- Laissez refroidir.
- Saupoudrez les bricks de sucre, puis garnissez-en la moitié d'une couche d'abricots et recouvrez-les d'une feuille de brick dorée.
- Servez immédiatement !

GALETTE DE BLÉ NOIR AUX POMMES

Facile • Végétarien

Sarrasin • Sans gluten

40 min

Une variante de la galette de sarrasin, aromatisée à la pomme. Un régal au petit déjeuner !

Pour 4 personnes : 200 g de farine de sarrasin • 1 œuf • Le zeste de 1 citron • 1 cuill. à soupe de raisins secs réhydratés dans de l'eau tiède

ou dans du thé • 2 pommes râpées • 1 pincée de cannelle • 1 ½ cuill. à soupe d'huile de colza

- Préchauffez le four à 200 °C (th. 6-7).
- Mélangez tous les ingrédients dans un saladier, à l'exception de l'huile.
- Ajoutez de l'eau progressivement pour obtenir une pâte assez épaisse.
- Versez la préparation dans un moule à manqué huilé de 20 cm de diamètre.
- Enfournez pour 30 minutes.
- Éteignez le four et laissez la galette encore 10 minutes à l'intérieur.
- Le dessus doit être dur et de couleur brune, mais pas brûlé.
- Laissez refroidir sur une grille.

BOOST VÉGÉTAL

Rapide

Végétalien • Cru • Sans gluten — *5 min*

» Un Boost aux légumes légèrement relevé avec de la sauce Worcestershire pour un réveil épicé et vitaminé.

Pour 1 personne : 2 tomates • 2 carottes • 1 petite branche de céleri • Le jus de 1 citron • 1 cuill. à café de sauce Worcestershire

- Coupez les extrémités des carottes.
- Mettez les légumes dans votre centrifugeuse.
- Versez le jus obtenu dans un grand verre, ajoutez le jus de citron et la sauce Worcestershire, mélangez bien.
- Dégustez sans plus attendre !

BOOST CAROTTE, ANANAS ET PERSIL PLAT

Rapide

Végétalien • Cru • Sans gluten *10 min*

Une recette qui prend un peu plus de temps que les Boosts habituels car il faut peler l'ananas. Mais, je vous le promets, le résultat sera à la hauteur de vos espérances !

Pour 4 personnes : 500 g de carottes non pelées mais bien lavées • 1 ananas • ½ bouquet de persil plat • 1 pincée de piment doux (le piment d'Espelette convient parfaitement)

- Épluchez l'ananas, retirez le cœur dur et coupez la pulpe en morceaux.
- Lavez et essorez le persil.
- Passez tous les ingrédients à la centrifugeuse et dégustez immédiatement !

BOOST FRAMBOISE ET CAROTTE

Rapide

Végétalien • Cru • Sans gluten *10 min*

Ce Boost sucré ravira vos papilles, mais aussi votre teint grâce au bêta-carotène que contiennent les carottes. Le cocktail idéal pour obtenir une jolie peau et faire le plein d'antioxydants.

Pour 1 personne : 1 poignée de framboises fraîches ou surgelées • Le jus de 1 citron • Le jus de 1 orange • 3 carottes bio non pelées mais rincées

- Coupez les extrémités des carottes.
- Passez les carottes et les framboises (qui doivent être décongelées, sinon il faudra les ajouter au jus dans un blender, car les fruits congelés abîment les centrifugeuses) dans votre centrifugeuse.
- Ajoutez les jus de citron et d'orange.
- Dégustez sans attendre.

LIMONADE ALCALINE

Facile • Rapide • Familial

Végétalien • Sans gluten

3 min

» Une recette facile, rapide, saine, bonne et efficace… Que demander de plus ?

Pour 1 personne : 1 verre d'eau gazeuse (25 cl) • 10 gouttes de stevia ou un pack de Truvia • Le jus de 1 citron

- Versez le jus de citron dans un verre et ajoutez l'eau pétillante et la stevia.
- Mélangez bien avant de déguster.

COLESLAW

Facile • Familial

Végétalien • Sans gluten — *30 min*

Voici un plat plein de vitamine C, très facile à réaliser, dans une version allégée, sans mayonnaise pleine de graisses saturées.

Pour 6 personnes : 1 chou vert • 1 grosse carotte • 2 poignées de raisins secs • 1 pomme jaune pelée et râpée (facultatif) *Pour la vinaigrette* : 3 cuill. à soupe de soyonnaise • 3 cuill. à soupe de vinaigre balsamique • 1 cuill. à soupe d'huile d'olive • Sel, poivre

- Rincez et coupez le chou en très fines lanières.
- Pelez la carotte puis hachez-la.
- Préparez l'assaisonnement dans un saladier en l'émulsionnant avec 2 cuill. à soupe d'eau, et ajoutez le chou, les raisins secs, la carotte et, éventuellement, la pomme.
- Mélangez soigneusement puis dégustez.

MOUSSE DE CONCOMBRE

Facile

Végétalien • Sans gluten

40 min + 2 h de repos

Une recette tout en douceur, légère et alcalinisante (le concombre permet de rétablir l'équilibre acido-basique).

Pour 4 personnes : 2 concombres • 2 blancs d'œufs • 30 g de crème fraîche semi-épaisse allégée (à 4% de mat. grasses) • Quelques branches de persil pour la décoration • Sel, poivre

- Épluchez et épépinez le concombre puis passez la pulpe au mixeur.
- Laissez-la égoutter 30 minutes minimum dans un tamis ou une passoire fine.
- Mélangez la crème fraîche et le concombre bien égoutté dans un bol.
- Battez les blancs d'œufs en neige ferme, et incorporez-les à la préparation.
- Salez, poivrez et laissez reposer au réfrigérateur 1 à 2 heures.
- Saupoudrez de persil finement ciselé au moment de servir.

PAELLA AUX FRUITS DE MER

Difficile • Familial

Sans gluten

1 h 15

» Incontournable plat de la cuisine espagnole, la paella offre de multiples combinaisons. Les ingrédients de base sont le riz et le safran. Ensuite, vous pouvez ajouter de la viande blanche (volaille ou lapin), du poisson ou des fruits de mer. J'ai choisi de partager avec vous ma recette sans viande et 100 % fruits de mer. Un délice excellent pour la ligne !

Pour 6 personnes : 800 g de riz rond • 3 oignons rouges hachés • 4 gousses d'ail hachées • 1 botte de persil plat • 1 boîte de coulis de tomates (20 cl) • 7 sachets de Spigol (épices à paella) • 1 g de safran • 15 langoustines crues • 1 litre de moules assez grosses • 500 g de coques bien rincées • 400 g de blancs de seiche • 1 petit bol de petits pois frais ou surgelés • Huile d'olive • Sel, poivre

- Mettez les moules dans une casserole avec un peu d'eau et faites-les chauffer jusqu'à ouverture complète de la coquille.
- Récupérez leur jus de cuisson et réservez les moules après avoir jeté la moitié de la coquille.
- Procédez de la même façon avec les coques et réservez-les aussi.
- Faites revenir les langoustines quelques minutes dans une poêle à paella avec un peu d'huile d'olive. Réservez.
- Remettez un peu d'huile d'olive dans la poêle puis faites revenir les oignons et l'ail.
- Salez et, surtout, poivrez bien.
- Quand les oignons sont bien colorés, ajoutez le persil puis, 1 minute après, les blancs de seiche coupés en petites lanières.
- Une fois que les seiches ont rendu toute leur eau, ajoutez le coulis de tomates puis les 7 sachets de Spigol.
- Au bout de 1 ou 2 minutes, versez le riz et faites-le colorer rapidement.
- Ajoutez ensuite 2 verres de jus de cuisson des moules et des coques, puis complétez de 4 verres d'eau salée.
- Laissez mijoter environ 30 minutes, en remuant de temps à autre pour éviter que le riz n'attache.
- Quinze minutes avant la fin de la cuisson, mettez dans la poêle les langoustines, les moules, les coques et les petits pois.

- La cuisson est terminée après totale absorption du jus – le fond du plat a dû légèrement accrocher (le meilleur !).
- Laissez reposer 5 à 10 minutes hors du feu, couvert d'aluminium ménager, avant de servir.

CLAFOUTIS DE TRUITE DE MER FUMÉE À LA FARINE DE SARRASIN

Familial

Sarrasin *40 min*

ATTAQUE

» Pourquoi ne pas réaliser un clafoutis salé ? Ce plat complet riche en fibres et en oméga-3 fera sensation auprès de votre famille et de vos invités.

Pour 2 personnes : 1 œuf • 10 cl de lait écrémé • 3 cuill. à soupe de farine de sarrasin • 1 cuill. à café de levure • 50 g de truite fumée émiettée • 1 cuill. à soupe de persil plat ciselé • 8 tiges de ciboulette ciselées • Quelques feuilles de roquette • Margarine non hydrogénée • Sel, poivre

- Préchauffez le four à 190 °C (th. 6-7).
- Mixez le lait, l'œuf, la farine de sarrasin et la levure.
- Salez et poivrez.
- Enduisez de margarine 2 ramequins individuels.
- Ajoutez les miettes de truite et les herbes.
- Versez-y la préparation.
- Enfournez pour 25 minutes.
- Ajoutez les feuilles de roquette et laissez cuire encore 3 minutes.

TARTARE DE SAUMON SUR LIT DE LENTILLES

Difficile

Sans gluten *20 min + 1 h de réfrigération*

» Le saumon, prince des oméga-3 ! En France, c'est, après le thon – autre poisson gras –, le deuxième poisson le plus consommé, avec 2 kilos par an et par habitant.

Bon au palais, le saumon est un authentique aliment santé. Le saumon d'élevage ne contient pas moins d'oméga-3 que le saumon sauvage, et même un petit peu plus. Les oméga-3, ce sont ces acides gras essentiels procurant de multiples bénéfices pour la santé. J'ai associé ici le saumon avec l'aneth, originaire d'Asie Mineure. Les vertus de cette herbe aromatique, que l'on appelle encore fenouil bâtard, dill ou faux anis, sont connues depuis longtemps. Chez les Romains, il était symbole de vitalité, et son importance était telle qu'il existait un impôt sur l'aneth.

Pour 4 personnes : 300 g de saumon frais • 100 g de saumon fumé • Le jus de 1 citron • 2 petites échalotes • 1 cuill. à soupe de vinaigre balsamique ou de sauce soja allégée en sodium • Sel, poivre • 2 cuill. à soupe d'huile d'olive • 200 g de lentilles vertes cuites • Aneth ciselé

- Coupez le saumon frais et fumé en très petits morceaux dans un saladier.
- Ajoutez les échalotes très finement hachées.
- Assaisonnez d'huile d'olive, de sel et de poivre.
- Ajoutez le vinaigre balsamique (ou la sauce soja) ainsi que le jus de citron. Mélangez soigneusement.
- Placez le saladier recouvert de film plastique dans le réfrigérateur pendant 1 heure minimum.
- Huilez 4 petits ramequins et remplissez-les de tartare.
- Ajoutez une couche de lentilles sur le dessus.
- Renversez les ramequins sur les assiettes de service et soulevez-les délicatement pour démouler.
- Parsemez d'aneth, voilà votre tartare de saumon dressé à la manière des plus grands chefs !

TABOULÉ DE SARRASIN AU THON AU NATUREL

Facile • Rapide

Sarrasin • Sans gluten

15 min + quelques heures de marinage

Le thon est un poisson gras pauvre en cholestérol et riche en oméga-3. Sa teneur en phosphore, sélénium, vitamines A et D en fait un poisson de choix. Retrouvez-le dans une recette inédite de taboulé.

Pour 4 personnes : 200 g de sarrasin • 2 boîtes de 200 g de thon au naturel • 1 poivron rouge épépiné et coupé en tout petits dés • 2 tomates taillées en petits dés (conservez le jus) • Le jus de 1 citron • 3 cuill. à soupe d'huile d'olive • Menthe fraîche ciselée • Basilic frais ciselé

- Faites cuire le sarrasin 10 minutes dans de l'eau bouillante salée, puis égouttez-le et réservez-le dans un saladier.
- Ajoutez le thon égoutté et émietté, puis les dés de tomate avec leur jus et les dés de poivron.
- Arrosez de l'huile d'olive et du jus de citron.
- Ajoutez le basilic et la menthe ciselés.
- Salez et poivrez.
- Laissez mariner quelques heures et dégustez bien frais !

SAUMON À LA COMPOTÉE D'ÉCHALOTES

Facile

Sans gluten — *30 min*

Pour cette recette, veillez à ne pas faire trop cuire votre saumon, sinon il sera un peu sec et moins goûteux.

Pour 4 personnes : 4 pavés de saumon frais • 5 belles échalotes émincées • 2 cuill. à soupe de crème fraîche allégée • 4 cuill. à soupe de vinaigre balsamique • 1 pointe de moutarde • 1 noisette de margarine non hydrogénée • Sel, poivre

- Faites cuire 2 à 3 minutes les pavés de saumon avec la margarine dans une poêle à feu moyen (il est important de bien saisir les pavés de saumon pour qu'ils soient bien grillés).
- Réservez-les sur une assiette.
- Dans la même poêle, faites revenir les échalotes jusqu'à ce qu'elles soient translucides. Salez légèrement.
- Déglacez les échalotes cuites avec le vinaigre balsamique coupé d'un peu d'eau.
- Ajoutez la moutarde, faites mijoter 2 à 3 minutes puis ajoutez la crème.
- Remettez les pavés de saumon dans la poêle juste avant de servir afin de les réchauffer.
- Présentez les pavés de saumon au centre des assiettes, entourés de compotée d'échalotes.

SAN FRANCISCO CRABCAKES

Difficile

50 min

Une recette typiquement américaine un peu riche mais délicieuse ! Consommée avec modération, elle fera sensation lors d'un repas entre amis.

Pour 4 personnes : 250 g de chair de crabe • 125 g de chapelure • 2 cuill. à soupe d'oignon blanc haché • 1 cuill. à soupe de céleri détaillé en petits cubes • 1 cuill. à café de poivron émincé • 2 cuill. à soupe de persil haché • 2 œufs battus • 1 cuill. à café de jus de citron • 2 cuill. à soupe de soyonnaise • 1 cuill. à café de sauce Worcestershire • 1 cuill. à soupe de moutarde • Margarine non hydrogénée • Huile • Sel, poivre

- Mélangez le persil, la moutarde, la sauce Worcestershire, les œufs et la soyonnaise.
- Ajoutez le jus de citron, les oignons, les cubes de céleri et le poivron, la chair de crabe et les trois quarts de la chapelure.
- Salez, poivrez puis mélangez délicatement.
- Faites 6 à 8 petites croquettes de la même taille. Passez-les dans le reste de chapelure et réfrigérez le tout durant 30 minutes.
- Faites rissoler les croquettes 4 minutes de chaque côté dans la margarine et l'huile jusqu'à ce qu'elles soient bien dorées.
- Égouttez-les sur du papier absorbant.
- Servez sans attendre, avec une petite salade verte.

SAINT-JACQUES ET RIZ À LA RHUBARBE

Facile • Familial

Sans gluten

30 min

Comme les poissons et les crustacés, les fruits de mer sont une excellente source de protéines, car ils contiennent les neuf acides aminés essentiels à notre organisme. Ils ne sont pas contre-indiqués en cas de surpoids, au contraire, si on ne les accompagne pas de graisses (beurre, mayonnaise, etc.). Je les préfère nature, mais on peut les préparer à la vinaigrette citronnée, à la marinière, à la sauce tomate, les intégrer à des salades composées, etc.

Pour 4 personnes : 16 saint-jacques fraîches ou décongelées • 1 tige de rhubarbe pelée et coupée en petits dés • 250 g de riz cuit • 1 oignon rouge haché • 2 oignons nouveaux ciselés • 1 peu d'huile de colza • Sel, poivre • ½ cuill. à café de sucre

- Réservez 1 petite cuillerée d'oignon haché pour la présentation et faites revenir le reste dans l'huile de colza pendant 5 minutes à feu doux.
- Ajoutez les dés de rhubarbe et remuez, puis laissez cuire 10 minutes à feu moyen.
- Ajoutez le riz cuit et le sucre, salez, poivrez puis mélangez.
- Laissez le riz prendre le goût de cette compote de rhubarbe.
- Faites chauffer une poêle antiadhésive légèrement graissée et faites cuire et dorer les saint-jacques 2 à 3 minutes.
- Déposez une portion de riz à la rhubarbe dans 4 assiettes de service bien chaudes.
- Répartissez les noix de saint-jacques sur le riz.
- Parsemez d'oignons nouveaux et de l'oignon rouge réservé.
- Savourez cette recette des plus originales !

SALADE DE PÂTES DE SARRASIN, SAUMON FUMÉ, TOMATES ET OLIVES NOIRES DE NYONS

Facile

Sarrasin • Sans gluten

20 min

Le goût fumé du saumon va relever ce plat de pâtes parfaitement en accord avec la tomate et les olives. Dans la mesure du possible, essayez d'acheter du saumon sauvage, qui contient moins de graisses que son cousin d'élevage, trop sédentaire, et qui se nourrit beaucoup mieux. À noter : le saumon d'Alaska ne peut qu'être sauvage, puisque l'élevage de poissons est interdit dans ce pays.

Pour 4 personnes : 200 g de pâtes de sarrasin (dans les boutiques bio) • 200 g de saumon fumé coupé en fines lanières • 16 tomates cerises jaunes coupées en quatre • 1 citron • 16 olives noires de Nyons dénoyautées et coupées en deux • 2 cuill. à soupe d'huile d'olive • Aneth ciselé

- Faites cuire les pâtes dans l'eau bouillante salée suivant les indications portées sur le paquet.
- Égouttez-les et laissez-les refroidir.
- Ajoutez les tomates, les lanières de saumon et les olives.
- Râpez le zeste du citron, puis pressez le fruit.
- Arrosez la salade de jus de citron, salez et poivrez.
- Ajoutez l'huile d'olive et mélangez bien.
- Parsemez d'aneth ciselé.

SAINT-JACQUES AUX TROMPETTES-DE-LA-MORT

Facile

Sans gluten

30 min

» Le saviez-vous ? La coquille Saint-Jacques est une alliée contre le stress quotidien, à cause de sa haute teneur en magnésium, minéral indispensable pour un bon équilibre nerveux et une bonne absorption du calcium. Et justement, ça tombe bien, puisque la saint-jacques contient beaucoup de calcium. Sa teneur en oméga-3 favorise l'action de la sérotonine, qui est un neuromédiateur équilibrant le système nerveux avec un effet sédatif. Donc mangez des coquilles Saint-Jacques le soir, vous dormirez mieux ! Préférez les coquilles fraîches de saison, de la fin de l'automne à la fin de l'hiver. Si, sur l'étal de votre poissonnier, vous voyez des coquilles avec le corail, c'est que vous avez affaire à des femelles (le corail en étant les œufs). Alors ne jetez pas ce corail mais placez le plat du couteau dessus, puis coupez délicatement la noix en deux, mais pas complètement, et rabattez la demi-noix pour former une petite escalope de saint-jacques joliment bordée de corail.

Pour 4 personnes : 16 noix de saint-jacques fraîches ou surgelées • 300 g de trompettes-de-la-mort • 40 g de margarine non hydrogénée • 3 échalotes • 1 courgette • 4 asperges • Sel, poivre

- Lavez les champignons rapidement et faites-les égoutter.
- Rincez la courgette et les asperges, éliminez les extrémités.
- Coupez la courgette en tranches fines et les asperges en tronçons.
- Faites-les cuire à la vapeur 5 à 10 minutes.
- Pelez les échalotes et hachez-les finement.

- Faites fondre la margarine dans une poêle et ajoutez-y les échalotes, puis faites-les revenir pendant 3 minutes, en remuant souvent.
- Ajoutez les trompettes, mélangez et laissez cuire à feu vif pendant 10 minutes, en remuant souvent.
- Réduisez le feu, salez et poivrez.
- Rincez les noix de saint-jacques et séchez-les sur du papier absorbant.
- Faites chauffer une poêle ou une sauteuse à revêtement antiadhésif.
- Saisissez-y les noix de saint-jacques à feu vif 1 minute de chaque côté. Salez et poivrez.
- Retirez-les avec une spatule et posez-les sur une assiette.
- Déposez 1 cuill. à soupe de trompettes sur chaque assiette de service.
- Posez 1 noix de saint-jacques dessus et terminez par 1 tranche de courgette et 1 tronçon d'asperge.
- Servez aussitôt !

SALADE DE CHÈVRE AUX FRUITS ROUGES

Facile

Végétalien • Sans gluten — *20 min*

Une salade nutritive et savoureuse à base de fromage de chèvre... et de toutes les couleurs pour donner un petit air de fête aux assiettes !

Pour 4 personnes : 150 g de canneberges séchées (ou cranberries) • 3 cuill. à soupe d'abricots séchés et hachés • 5 cuill. à soupe de vinaigre de vin rouge (à la framboise pour plus de goût) • 7,5 cl d'huile d'olive • Mélange de salades (ou roquette) • 4 petits fromages de chèvre émiettés • 200 g de myrtilles rincées et égouttées • Sel, poivre

- Mélangez 2 cuill. à soupe de canneberges, les abricots séchés et le vinaigre dans un petit plat allant au four à micro-ondes.
- Mettez-les au micro-ondes à haute température pendant 1 minute.
- Laissez refroidir à température ambiante.
- Passez le mélange au robot jusqu'à ce qu'il soit lisse.
- Mettez-le dans un bol, ajoutez l'huile et mélangez.

- Gardez 1 ou 2 cuill. à soupe de cette vinaigrette aux fruits pour la finition, versez le reste sur la salade et mélangez délicatement.
- Ajoutez le fromage de chèvre émietté, les myrtilles et les canneberges. Nappez du reste de la vinaigrette, salez et poivrez.

SAUMON GRILLÉ

Facile • Familial

Sans gluten

40 min

Voici la façon la plus simple de préparer le saumon. Juste grillé au four avec des petits légumes, il dévoile tout son goût et ses saveurs.

Pour 6 personnes : 360 g de riz complet • 6 filets de 200 g de saumon frais • 6 petites tranches de racine de gingembre • 2 concombres • 6 tomates • 1 oignon • Huile d'olive

- Préparez le riz selon vos préférences.
- Pendant ce temps, coupez l'oignon en fines lamelles, pelez, épépinez et coupez les concombres en petits dés. Coupez les tomates en dés.
- Préchauffez le four à 180 °C (th. 6).
- Mettez les filets de saumon côte à côte dans un plat recouvert d'aluminium ménager ou de papier sulfurisé.
- Parsemez des lamelles d'oignon, des tranches de gingembre et des dés de tomate et de concombre.
- Arrosez d'un filet d'huile d'olive.
- Enfournez pour 30 minutes.

SALADE DE POMMES AU CRABE ET RAISINS SECS

Facile • Rapide

15 min
+ 30 min de réfrigération

Une salade fraîche et légère à préparer avec du « vrai » crabe et pas du surimi, un ersatz insipide, aux couleurs artificielles et au processus de fabrication trop souvent sujet à caution…

Pour 4 personnes : 2 pommes bien fermes de la variété Les Rouges non épluchées • 200 g de chair de crabe (ou de crevette) • 1 oignon doux rouge émincé • 1 carotte nouvelle taillée en julienne • 60 g de noix de cajou • 40 g de raisins blancs secs • Le jus de 1 citron vert • 4 cuill. à soupe d'huile d'olive • 3 cuill. à soupe de vinaigre de xérès • 1 cuill. à soupe de curry • 1 cuill. à soupe de miel liquide toutes fleurs

- Évidez les pommes et taillez-les en bâtonnets dans un saladier, puis arrosez-les avec le jus de citron.
- Ajoutez la julienne de carotte, l'oignon émincé et le crabe. Mélangez bien.
- Faites chauffer le miel dans une petite casserole et ajoutez le curry.
- Hors du feu, ajoutez le vinaigre et l'huile, salez et poivrez, puis fouettez bien.
- Ajoutez les raisins secs et mélangez.
- Versez dans le saladier et ajoutez les noix de cajou puis mélangez le tout et mettez au réfrigérateur 30 minutes.
- Mélangez de nouveau juste avant de servir.

RILLETTES ROSES

Facile • Familial

Sans gluten

30 min

Ces rillettes roses peuvent être servies avec une vinaigrette aux herbes dont je vous propose la recette ci-dessous. Un plat festif et familial à déguster sans modération.

Pour 6 personnes : 1 filet de 500 g de truite rose • 2 filets de truite fumée • 2 cuill. à soupe de ciboulette ciselée • 1 cuill. à soupe d'aneth ciselé • 1 citron non traité • 2 feuilles de laurier • 2 brins de thym • 2 gousses d'ail pelées • 50 g de beurre • Huile d'olive • 10 cl de vinaigre cristal (blanc) • Sel, poivre en grains et du moulin • Baies roses

- Portez 1 litre d'eau à ébullition avec 2 cuill. à café de sel.
- Plongez-y l'ail, le thym, le laurier, ½ cuill. à café de poivre en grains, ½ cuill. à café de baies roses et le vinaigre.
- Ajoutez la truite rose et faites-la cuire 5 minutes dans ce court-bouillon frémissant.

- Égouttez et récupérez l'ail, jetez les autres aromates.
- Ôtez si besoin les arêtes de la truite puis mixez-la avec l'ail et le beurre, en ajoutant un filet d'huile d'olive jusqu'à obtention d'une crème épaisse.
- Effilochez la truite fumée et incorporez-la à la préparation. Ajoutez la ciboulette, l'aneth, des baies roses, du poivre moulu et du sel.
- Mettez ces rillettes dans une terrine, couvrez et réservez au frais.
- Décorez de rondelles de citron au moment de servir.

Vinaigrette aux herbes : hachez ensemble 3 cornichons, 1 cuill. à soupe de câpres et 1 oignon. Ajoutez le jus de 1 citron, 1 cuill. à soupe de ciboulette, 1 cuill. à soupe d'aneth et 7 cuill. à soupe d'huile d'olive. Salez et poivrez.

RAGOÛT DE CREVETTES ET PETITS POIS

Facile • Rapide • Familial

Sans gluten — *20 min*

» Un plat qui évoque la pizza, mais sans les calories ou les graisses saturées qu'elle contient. Attention : ne réchauffez pas ce plat au four à micro-ondes, les crevettes deviendraient sèches et dures.

Pour 4 personnes : 750 g de petits pois surgelés • 20 grosses crevettes roses • 1 petite boîte de sauce tomate pour pizza (ou bruschetta) • 2 cuill. à soupe d'huile d'olive

- Faites revenir les crevettes dans une poêle avec l'huile d'olive.
- Ajoutez les petits pois et la sauce pizza.
- Laissez mijoter pendant 15 minutes environ, et c'est tout bon !

BŒUF RÔTI À L'AIL

Facile • Familial

Sans gluten *40 min*

Une recette facile à préparer, idéale quand on a du monde à la maison.

Pour 8 personnes : 800 g de rôti de bœuf sans barde • 4 gousses d'ail pelées • Fleur de sel, poivre

- Préchauffez le four à 210 °C (th. 7).
- Incisez le rôti à plusieurs endroits pour y introduire l'ail. Salez, poivrez.
- Enfournez pour 25 minutes.

Astuce : pour éviter que le rôti ne devienne trop sec, vous pouvez l'arroser d'un peu de bouillon de poule pendant la cuisson, le masser avec un peu de beurre avant la cuisson, ou le couvrir d'aluminium ménager une fois bien rôti.

LENTILLES ET SAUCISSE DE POULET

Facile • Familial

Sans gluten *45 min*

Présentes dans notre alimentation depuis la préhistoire, les lentilles sont les plus digestes des légumineuses. De par sa richesse en antioxydants, fer, manganèse, phosphore, cuivre et fibres, la lentille est un aliment santé de choix.

Pour 4 personnes : 250 g de lentilles sèches ou 500 g de lentilles en boîte au naturel • 1 carotte épluchée et coupée en rondelles • 4 saucisses de poulet • 1 courgette non épluchée et coupée en petits dés • 1 oignon jaune émincé • 50 cl de bouillon de poule • 2 branches de persil • 2 cuill. à soupe d'huile d'olive • Sel, poivre, thym

- Faites revenir l'oignon dans une casserole à fond épais avec l'huile.
- Lorsque l'oignon devient translucide, ajoutez du thym, la carotte et la courgette.
- Ajoutez le bouillon de poule et les lentilles, et faites cuire à petits bouillons.

- Égouttez les lentilles en réservant 1 louche de bouillon de cuisson, puis ajoutez-les dans la casserole avec les légumes cuits. Si nécessaire, ajoutez un peu de bouillon de cuisson.
- Laissez mijoter quelques minutes, puis ajoutez les saucisses de poulet.
- Poursuivez la cuisson encore quelques instants afin que les légumes prennent le goût des saucisses.
- Servez parsemé de persil ciselé.

RIZ CANTONAIS MINCEUR

Facile • Familial

Sans gluten

30 min

Voici la version minceur d'un grand classique chinois !

Pour 4 personnes : 200 g de riz complet ou de riz corail au jasmin • 200 g de petits pois surgelés • 200 g de maïs frais ou surgelé • 200 g de blanc de poulet cuit (ou un reste de poulet de la veille) • 4 feuilles de laitue • Bouillon de poule

- Faites cuire le riz dans le bouillon de poule.
- Dix minutes avant la fin de la cuisson, ajoutez les petits pois, le maïs, la laitue et le poulet.
- Poursuivez la cuisson encore quelques minutes.
- Servez sans attendre.

HARICOTS COCO ET ESCALOPES DE DINDE

Facile • Familial

Sans gluten

45 min

Une recette « confort » qui fait chaud au cœur quand on a envie d'un plat consistant qui ne fera pas pencher l'aiguille de la balance du mauvais côté.

Pour 6 personnes : 6 petites escalopes de dinde • 1 kg de haricots coco à écosser ou secs (dans ce cas, faites-les tremper une nuit dans l'eau) • 2 oignons blancs émincés • 2 gousses d'ail pressées • 4 tomates

coupées en dés • 2 brins de thym frais • Laurier • 3 cuill. à soupe d'huile d'olive • 1 cube de bouillon de poule ou de légumes • 1 cuill. à café de cumin • 1 pincée de paprika • Sel, poivre • ½ cuill. à café de bicarbonate de soude

- Faites revenir les oignons et l'ail dans une grande casserole.
- Ajoutez les tomates puis les haricots.
- Diluez le cube de bouillon dans 25 cl d'eau chaude et versez-le sur les haricots.
- Ajoutez le bicarbonate, le thym, le laurier, du sel, du poivre, le cumin et le paprika.
- Mélangez bien et laissez cuire pendant 20 à 30 minutes à feu moyen-doux.
- Prolongez la cuisson s'il s'agit de haricots secs.
- Faites cuire les escalopes à part juste avant de servir ou, si vous avez un reste de dinde ou de poulet rôti, ajoutez-le aux haricots coco pour un plat complet.
- Ce plat se congèle très bien. N'hésitez donc pas à en faire des portions d'avance pour les soirs où vous êtes pressée par le temps.

SOUPE DE CAROTTES ET CHAMPIGNONS AU SARRASIN

Facile • Rapide

Sarrasin — *20 min*

Une délicieuse recette de soupe alliant les bienfaits du sarrasin aux vitamines de la carotte et aux minéraux du champignon de Paris.

Pour 4 personnes : 1,5 litre de bouillon de volaille ou de légumes • 4 grosses carottes épluchées et tranchées en rondelles • 4 champignons de Paris émincés • 1 oignon paille émincé • 1 gousse d'ail écrasée • 2 cm de racine de gingembre frais • 100 g de graines de sarrasin • 1 petit bouquet garni • Huile d'olive ou margarine non hydrogénée • Sel, poivre

- Mettez les carottes dans une casserole, couvrez-les d'eau et amenez à ébullition.
- Salez, poivrez, mettez le bouquet garni, couvrez et baissez le feu jusqu'au petit bouillon.

- Pendant ce temps, faites revenir l'oignon dans un peu d'huile ou de margarine.
- Dès que la coloration apparaît, ajoutez les champignons et versez le tout dans la casserole.
- Ajoutez le sarrasin et faites bouillir 10 minutes.
- Enlevez le bouquet garni et mixez au mixeur plongeant.
- Râpez le gingembre et ajoutez-le à la soupe (2 cm peuvent faire trop, n'hésitez pas à goûter afin de ne pas ajouter trop de cette racine qui donne un goût fort aux plats).

SOUPE PAYSANNE DE SARRASIN

Facile

Sarrasin

30 min

» Cette soupe d'hiver à base de farine de sarrasin vous apportera le plaisir d'un plat qui « tient au corps ».

Pour 4 personnes : 120 g de farine de sarrasin • 200 g de lardons • 1 oignon paille émincé • 1 gousse d'ail hachée menu • 1 litre de bouillon de légumes • 1 branche de serpolet (facultatif) • 2 feuilles de laurier • 1 feuille de menthe • Noix muscade • Huile de colza • Sel, poivre • Croûtons dorés

- Faites dorer les lardons dans une cocotte en fonte avec de l'huile de colza.
- Ajoutez l'oignon et l'ail.
- Tournez 2 minutes puis mouillez avec la moitié du bouillon.
- Ajoutez le serpolet, le laurier, la menthe et un peu de muscade râpée, poivrez et salez.
- Portez à ébullition et laissez frémir 20 minutes.
- Délayez la farine dans un saladier avec le restant de bouillon froid.
- Fouettez jusqu'à obtenir une crème sans grumeaux.
- Retirez tous les aromates de la cocotte et versez-y cette crème de sarrasin.
- Délayez aussitôt au fouet et laissez mijoter encore 10 minutes.
- Servez avec les croûtons dorés.

PIZZA PITA AU JAMBON

Facile • Familial

30 min

Voilà un petit plat de pur plaisir qui permet de titiller les papilles de ceux qui aiment commander une petite pizza et qui, jusqu'à présent, se privaient sous prétexte que cela fait grossir. Eh bien c'est faux, en voici la démonstration !

Pour 1 personne : 1 pain pita complet • 5 cuill. à soupe de sauce tomate pour pizza • 5 olives vertes ou noires • 1 tranche de jambon blanc • 30 g de mozzarella allégée • Quelques feuilles d'origan • 1 cuill. à café d'huile d'olive • Poivre

- Ouvrez le pain pita en deux. Préchauffez le four à 200 °C (th. 6-7).
- Disposez les 2 tranches de pita dans un plat à four et glissez-les au four pendant 8 minutes, jusqu'à ce qu'elles soient légèrement croustillantes. Laissez le four allumé.
- Étalez de la sauce tomate sur le pain pita.
- Disposez les olives, la mozzarella, la tranche de jambon coupée en dés et les feuilles d'origan dessus.
- Enfournez à nouveau pour 8 minutes, jusqu'à ce que les pizzas soient légèrement croustillantes et le fromage fondu.
- Dégustez ces pizzas avec une salade de mâche.

AUBERGINES FARCIES AU KASHA

Familial

Sarrasin

45 min

L'aubergine est un légume très riche en minéraux, notamment en potassium, magnésium et zinc. De plus, sa teneur élevée en fibres permet de réduire le taux de « mauvais » cholestérol.

Attention : du fait de sa teneur, même très réduite, en nicotine, l'aubergine est souvent interdite à ceux qui tentent de s'arrêter de fumer. Mais comme il faudrait consommer 9 kg d'aubergines pour obtenir la quantité de nicotine d'une seule cigarette, vous comprendrez aisément que votre coach n'interdise pas l'aubergine aux fumeurs.

Pour 4 personnes : 2 aubergines coupées en deux dans le sens de la longueur • 4 tomates mondées, épépinées et coupées en dés • 200 g de sarrasin kasha (concassé) • Bouillon de légumes ou de volaille • 2 oignons émincés • 2 gousses d'ail hachées • 1 cuill. à café de sucre • 1 cuill. à café de fleur de thym • 2 feuilles de laurier • Huile d'olive • Sel, poivre • 40 g de chapelure mélangée avec 40 g de parmesan

- Préchauffez le four à 180 °C (th. 6).
- Huilez au pinceau le côté tranché des aubergines, posez-les sur une grille du four et enfournez-les pour 35 minutes.
- Faites revenir les oignons avec un peu d'huile d'olive dans une sauteuse.
- À coloration, ajoutez l'ail et mélangez avec une cuillère en bois.
- Ajoutez les dés de tomate, la fleur de thym et le laurier.
- Saupoudrez de sucre, salez et poivrez.
- Ajoutez le kasha et le double de son volume de bouillon.
- Laissez mijoter 10 minutes.
- Sortez les aubergines du four et prélevez la pulpe jusqu'à 0,5 cm des bords.
- Ajoutez cette pulpe d'aubergine dans la sauteuse, et laissez la compotée mijoter encore à feu doux une dizaine de minutes.
- Déposez les aubergines dans un plat à gratin. Garnissez-les de compotée et saupoudrez du mélange chapelure-parmesan.
- Enfournez pour 5 minutes.
- Servez aussitôt.

ROULÉ DE SOLE AU JAMBON DE PARME

Facile

Sans gluten — *30 min*

» Un plat chic qui fera son petit effet au cours d'un dîner entre amis…, qui ne sauront même pas que vous faites attention à votre ligne !

Par personne : 3 petits filets de sole (sauvage si possible) • 3 fines tranches de jambon de Parme • 6 cure-dents • 1 cuill. à café d'huile d'olive • Le jus de 1 citron • 2 cuill. à soupe de vinaigre balsamique • Poivre

- Préchauffez le four à 180 °C (th. 6).
- Roulez les filets de sole sur eux-mêmes.
- Pliez les tranches de jambon en trois pour former une petite ceinture autour des filets de sole.
- Maintenez le jambon autour des filets avec 2 cure-dents.
- Disposez les filets dans un plat à four, puis poivrez légèrement. Ne salez pas.
- Badigeonnez les filets d'huile d'olive au pinceau.
- Enfournez pour environ 20 minutes.
- Au terme de la cuisson, déglacez le jus de cuisson avec le jus de citron, le vinaigre balsamique et un peu d'eau.
- Servez les filets nappés de jus déglacé.

SALADE DE SARRASIN RÔTI AU JAMBON CRU, VINAIGRE DE CIDRE, HUILE DE NOISETTE ET MIEL DE SARRASIN

Facile

Sarrasin • Sans gluten

15 min + 2 h de réfrigération

» L'huile de noisette est trop peu utilisée, alors qu'elle est très riche en oméga-9 et en vitamine E. Sans parler de son délicieux goût fruité qui agrémentera toutes vos salades. Associée au sarrasin, elle entre ici dans la composition d'un plat minceur complet et équilibré.

Pour 4 personnes : 200 g de graines de sarrasin • 4 tranches de jambon cru coupées en lamelles • 1 petite échalote hachée menu • 1 tomate coupée en petits dés • Persil plat ciselé • Huile d'olive • 3 cuill. à soupe de vinaigre de cidre • 3 cuill. à soupe d'huile de noisette • 1 cuill. à café de miel de sarrasin (ou de miel toutes fleurs) • Sel, poivre

- Faites rôtir le sarrasin avec un peu d'huile d'olive pendant 3 minutes dans une casserole sur feu moyen.
- Amenez 2 litres d'eau salée à ébullition, jetez-y le sarrasin rôti et laissez cuire 10 minutes.
- Égouttez et rincez le sarrasin à l'eau fraîche puis versez-le dans un saladier.

- Ajoutez les lamelles de jambon, l'échalote et les dés de tomate.
- Salez, poivrez et mélangez.
- Préparez la vinaigrette en mélangeant le miel, le vinaigre et l'huile de noisette.
- Arrosez-en la salade et remuez.
- Placez la salade au réfrigérateur 2 heures minimum.
- Parsemez-la de persil plat au moment de servir.

TRAVERS DE PORC SAUCE BARBECUE

Facile • Familial

Sans gluten

50 min + 12 h de réfrigération

Une recette typique aux États-Unis (les *barbecue ribs*), que les Américains apprécient toute l'année, au barbecue l'été et au four l'hiver. À consommer avec modération… et des petits légumes pour ne pas alourdir la facture calorique.

Pour 4 personnes : 1,5 kg de travers de porc en 2 morceaux • 2 cuill. à soupe de moutarde • 8 cuill. à soupe de hot ketchup • 6 cuill. à soupe de jus de citron vert • 2 cuill. à soupe de miel • 1 cuill. à soupe de sauce Worcestershire • Sel, poivre du moulin

- La veille, mélangez la moutarde, le ketchup, le miel, le jus de citron et la sauce Worcestershire dans un plat.
- Poivrez et enduisez les travers de cette marinade. Placez les travers dans des sacs de congélation afin que les arômes soient plus forts, ou posez-les simplement dans un plat profond et couvrez-le d'aluminium ménager. Réservez au frais toute la nuit.
- Le jour même, préchauffez le four à 220 °C (th. 7-8).
- Égouttez les travers et réservez la marinade.
- Posez la lèche-frite sous la grille du four.
- Enduisez les travers de marinade au pinceau, salez-les très légèrement et disposez-les sur la grille.
- Au bout de 10 minutes de cuisson, retournez la viande et enduisez-la à nouveau de marinade.
- Recommencez toutes les 10 minutes, pendant 45 à 50 minutes, jusqu'à ce que la viande soit bien caramélisée.

- Si vous souhaitez des travers plus moelleux, vous pouvez baisser la température du four jusqu'à 150 °C (th. 5), voire 125 °C (th. 4), et faire cuire les travers beaucoup plus longtemps, selon votre four et sa puissance.
- Servez aussitôt, accompagné de salade verte ou de légumes vapeur.

COURGETTES À L'ORIENTALE

Facile • Familial

Sans gluten

50 min

Peu calorique et riche en minéraux, la courgette est un aliment minceur. Voici une recette aux accents orientaux.

Pour 4 personnes : 4 à 6 courgettes rondes ou longues • *Pour la farce :* 500 g de viande hachée maigre (dinde de préférence ou équivalent végétalien à base de tofu) • 150 g de riz complet (de préférence précuit) • 2 gousses d'ail • 1 oignon haché • ½ bouquet de coriandre • 2 œufs • 1 cuill. à soupe d'huile d'olive • Sel, poivre et cannelle • *Pour le bouillon :* 1 oignon • 2 cuill. à soupe d'huile d'olive • 500 g de petits pois surgelés • 1 cube de bouillon de poule • Sel, poivre et cannelle

- Lavez et essuyez les courgettes. Coupez le pédoncule, creusez-les et réservez la pulpe pour le bouillon.
- Épluchez l'ail et l'oignon, rincez la coriandre.
- Hachez l'ail, l'oignon et la coriandre ensemble.
- Mélangez la viande hachée avec le hachis d'ail, d'oignon et de coriandre dans un saladier.
- Ajoutez le riz, les œufs et 1 pincée de cannelle. Salez, poivrez.
- Mélangez soigneusement tous les ingrédients.
- Farcissez les courgettes et, s'il vous reste de la farce, formez des boulettes que vous ajouterez au bouillon.
- Dans une large marmite, faites revenir, à feu moyen, l'oignon émincé avec l'huile d'olive.
- Lorsque l'oignon devient transparent, disposez les courgettes côte à côte au fond de la marmite.
- Faites fondre le bouillon de poule dans 25 cl d'eau bouillante.

- Versez ce bouillon sur les courgettes et ajoutez la pulpe réservée.
- Poivrez et ajoutez 1 pincée de cannelle, puis laissez mijoter à feu moyen-doux pendant 20 minutes.
- Cinq minutes avant la fin de la cuisson, ajoutez les petits pois.
- Laissez encore cuire quelques instants puis vérifiez la cuisson et rectifiez l'assaisonnement si besoin est.
- Servez avec la coriandre ciselée.

ESCALOPE DE DINDE AUX NOUILLES CHINOISES

Facile • Familial

Sans gluten

45 min

Une recette simple à faire, qui plaira aux petits comme aux grands. La dinde est une viande maigre, à condition de la manger sans la peau. Le saviez-vous ? Les graines de sésame sont une source fantastique de calcium.

Pour 4 personnes : 200 g d'escalope de dinde émincée • 250 g de nouilles chinoises (à base de riz) • 2 branches de céleri • 1 petit poivron rouge épépiné et taillé en lanières • 1 gousse d'ail écrasée • 12 brins de ciboulette ciselée • 6 cuill. à soupe d'huile d'olive • 1 cuill. à soupe de graines de sésame non grillées • Sel, poivre

- Faites cuire les nouilles dans l'eau bouillante salée (à peine 5 minutes).
- Égouttez-les rapidement, versez-les dans un saladier et arrosez-les de 2 cuill. à soupe d'huile d'olive. Réservez.
- Faites colorer les lamelles d'escalope à feu vif à l'huile d'olive.
- Ajoutez le céleri et le poivron, mélangez 2 minutes et baissez le feu.
- Laissez cuire à couvert 5 minutes à feu moyen.
- Ajoutez les nouilles chinoises et l'ail ; mélangez bien.
- Comptez encore 4 minutes de cuisson à feu doux.
- Salez, poivrez.
- Au moment de servir, parsemez de la ciboulette et des graines de sésame.

ESCALOPE DE VEAU À LA MOUTARDE

Facile • Familial

Sans gluten — *20 min*

▶▶ Le veau est une viande tendre et peu grasse. En effet, certains morceaux ne contiennent pas plus de 2 % de matière grasse, les escalopes de veau entre 6 et 10 %, ce qui est tout à fait acceptable.

Par personne : 1 escalope de veau • 1 pointe de couteau de margarine non hydrogénée • 1 cuill. à soupe de crème allégée • 2 cuill. à soupe de moutarde • 1 feuille de sauge pour la décoration • Sel, poivre

- Faites fondre la margarine dans une poêle bien chaude à feu moyen-fort, sans la laisser brunir.
- Saisissez la viande des deux côtés pour qu'elle soit bien colorée. Et laissez-la cuire quelques minutes (le temps de cuisson dépend de l'épaisseur du morceau et de votre poêle ; coupez un petit bout d'escalope et vérifiez que le centre du morceau est bien blanc), puis réduisez le feu au minimum et ajoutez la crème et la moutarde.
- Salez, poivrez, décorez l'escalope avec la feuille de sauge et servez chaud.

GRATIN DE BROCOLI FAÇON PARMENTIER

Rapide • Familial

Sans gluten — *20 min*

▶▶ Très riche en eau, le brocoli est peu calorique et contient de nombreux minéraux. Ses vertus préventives contre le cancer du côlon sont dues aux fibres et aux composés soufrés qu'il renferme.

Pour 4 personnes : 700 g de brocoli détaillé en bouquets • 250 g de steak haché • Fromage de soja ou emmental râpé • 4 gousses d'ail • 1 gros oignon • 2 cuill. à soupe d'huile d'olive • Thym • Persil • Sel, poivre

- Faites cuire le brocoli à la vapeur puis mettez-le dans un plat profond, salez, poivrez et ajoutez un peu de thym et 2 gousses d'ail coupées grossièrement. Mélangez.
- Préchauffez le four à 180 °C (th. 6).

- Faites blondir l'oignon émincé avec l'huile d'olive dans une poêle.
- Ajoutez le steak haché émietté.
- Quand la viande est cuite, salez, poivrez, ajoutez un peu de thym, du persil ciselé et les 2 autres gousses d'ail écrasées.
- Garnissez le fond d'un plat à gratin de 1 couche de brocoli puis 1 couche de viande hachée.
- Parsemez d'une très fine couche de fromage râpé.
- Enfournez pour 10 minutes, jusqu'à ce que le fromage soit fondu.

SAUTÉ DE SARRASIN AUX COURGETTES, VIANDE HACHÉE ET SÉSAME

Facile • Rapide • Familial

Sarrasin • Sans gluten

30 min

Encore une recette à base de notre aliment clé : le sarrasin, sauté ici avec des courgettes et de la viande. Ce plat rapide à faire séduira toute la famille.

Pour 4 personnes : 200 g de sarrasin • 2 oignons paille émincés • 2 courgettes bio non pelées taillées en dés de 1 cm • 160 g de viande hachée de dinde (ou équivalent à base de tofu) • 1 gousse d'ail • Huile d'olive • 1 cuill. à soupe de sésame

- Faites cuire le sarrasin 10 minutes dans de l'eau bouillante salée.
- Égouttez-le et réservez.
- Faites blondir les oignons dans un peu d'huile d'olive.
- Ajoutez la viande et l'ail haché.
- Laissez cuire 5 minutes à couvert, puis ajoutez les dés de courgette.
- Couvrez et laissez encore mijoter doucement pendant 10 minutes.
- Pendant ce temps, faites griller le sésame à sec dans une poêle sur feu moyen.
- Ajoutez-le dans la sauteuse avec le sarrasin.
- Mélangez bien.
- Poursuivez la cuisson à feu doux et à découvert jusqu'à évaporation du liquide.
- Salez et poivrez.

JAMBON À L'OS ET AU MIEL

Facile • Familial

Sans gluten — *30 min*

▶▶ **Riche en protéines, peu calorique et pauvre en lipides, le jambon cuit présente de nombreux atouts nutritionnels.**

Pour 4 personnes : 600 g de jambon à l'os en tranches • 2 cuill. à soupe de miel • Cannelle, muscade • Huile d'olive

- Préchauffez le four à 160 °C (th. 5-6).
- Disposez les tranches de jambon dans un plat à four légèrement graissé et faites-les cuire 15 minutes.
- Faites chauffer le miel additionné de muscade, de cannelle et de 1 cuill. à café d'eau dans une petite casserole.
- Dès que le miel bout, retirez-le du feu.
- Sortez les tranches de jambon du four, augmentez la température à 220 °C (th. 7-8) et badigeonnez le jambon de miel épicé.
- Remettez-le au four pendant 10 minutes.
- Servez ce jambon au miel avec quelques pommes de terre grenailles de Noirmoutier à l'estragon et un peu de roquette.

TORTILLA ROULÉE AU POULET

Rapide • Familial

Sans gluten — *15 min*

▶▶ **Un petit en-cas genre sandwich… avec moins de pain. Tout le plaisir sans la culpabilité. Plein de goût, des petits bouts de poulet pour les protéines, des légumes pour les vitamines. Et facile à préparer en plus !**

Pour 1 personne : 1 tortilla de maïs • 1 escalope de poulet grillée • ½ avocat en tranches • 1 carotte • 1 petit tronçon de concombre en julienne • Salade verte • 1 cuill. à soupe de soyonnaise mélangée au jus de ½ citron • Sel, poivre

- Épluchez et râpez la carotte.
- Posez la tortilla sur une assiette, tartinez-la de sauce soyonnaise-citron, et répartissez un peu de salade verte de votre choix dessus.

- Ajoutez le poulet coupé en fines lamelles puis la carotte, le concombre et l'avocat.
- Ajoutez du sel (pas trop, la soyonnaise étant déjà salée) et du poivre.
- Roulez la tortilla comme pour former un rouleau de printemps.
- Maintenez éventuellement la tortilla roulée avec des piques pour la faire griller 2 minutes au four.
- Vous pouvez aussi la déguster avec un peu de sauce soja allégée en sodium.

SALADE DE MÂCHE PÉRIGOURDINE SVELTESSE

Facile • Rapide

Sans gluten

20 min

La mâche est un aliment aux multiples vertus. Sa richesse en vitamines A, B et C en fait une alliée de notre peau et de notre vitalité. Sa teneur exceptionnelle en oméga-3 permet de prévenir l'apparition des troubles cardio-vasculaires. C'est également une source intéressante de calcium.

Pour 4 personnes : 400 g de mâche rincée et égouttée • 20 cerneaux de noix • 10 tomates cerises • 1 magret de canard cuit • Vinaigrette composée de vinaigre de framboise, d'huile de noix, de moutarde, de sel et de poivre • 2 gousses d'ail pressées • Quelques brins de persil et de ciboulette

- Mettez la mâche dans un saladier.
- Ajoutez les tomates.
- Préparez la vinaigrette, ajoutez-y l'ail et versez cette sauce sur la salade.
- Tranchez finement le magret que vous aurez préalablement réchauffé.
- Répartissez la salade sur les assiettes de service, déposez dessus des tranches de magret puis terminez par les cerneaux de noix et les herbes.
- Servez sans plus attendre !

POULET AU YAOURT

Facile • Familial

Sans gluten

30 min + 3 h de marinage

Une recette délicieuse à base de blanc de poulet, facile et vite prête, qui régalera toute la famille. L'essayer, c'est l'adopter !

Pour 4 personnes : 4 blancs de poulet • 1 yaourt nature à 0 % • 1 oignon haché • 2 gousses d'ail pilées • 1 cuill. à soupe du jus de 1 citron frais • 1 cuill. à soupe d'huile d'olive • 1 pincée de cannelle • ½ bouquet de persil haché • Sel, poivre

- Versez le yaourt dans un grand saladier.
- Ajoutez le jus de citron, l'ail, l'oignon, le persil, du sel, du poivre et la cannelle.
- Déposez les blancs de poulet dedans et laissez-les mariner au moins 3 heures au réfrigérateur.
- Démarrez votre barbecue ou faites chauffer le gril de votre cuisinière.
- Égouttez les blancs et disposez-les sur la grille.
- Faites-les griller durant 20 minutes environ, en les retournant souvent.
- Servez bien chaud, avec une poêlée de légumes de saison.

QUINOA AUX TOMATES CONFITES ET PETITS POIS

Facile • Familial

30 min

» Vénérée par les Incas, cette pseudo-céréale (car cette plante n'appartient pas à la famille des graminées comme le blé) a un intérêt nutritionnel certain. Outre le fait qu'elle soit très riche en protéines, elle constitue également une source de calcium, de magnésium et de fer qui n'est pas négligeable. Elle contient jusqu'à trois fois plus de ces minéraux que le blé. Bon pour les os, pour la peau, pour le tonus musculaire… encore un aliment jeunesse qui vous surprendra !

Pour 4 personnes : 150 g de quinoa • 20 olives dénoyautées • 50 g de tomates séchées conservées dans l'huile • 200 g de petits pois surgelés • 1 cube de bouillon de légumes • Sel, poivre

- Faites cuire le quinoa selon les instructions portées sur le paquet dans l'eau additionnée du cube de bouillon de légumes.
- Remuez régulièrement.
- Cinq minutes avant la fin de la cuisson, ajoutez les tomates séchées, les petits pois et les olives.
- Poursuivez la cuisson encore quelques minutes en remuant pour éviter que le quinoa n'attache.
- Salez et poivrez si nécessaire.

VELOUTÉ DE CITROUILLE

Facile • Familial

Végétalien

40 min

» La citrouille est bien connue outre-Atlantique pour hanter les rues au moment d'Halloween. Mais cette cucurbitacée est aussi un aliment jeunesse exceptionnel, puisqu'elle facilite la digestion et représente un antidouleur intéressant pour sa richesse en tyrosine. Sa forte teneur en vitamines, minéraux et fibres est également un atout santé. Alors vive la citrouille ! Pour l'anecdote, la plus grosse jamais cultivée appartenait à un jardinier de Topsfield, dans la Massachusetts, et atteignait plus de 600 kg. De quoi faire des centaines de tartes à la citrouille !

Pour 4 personnes : 1 kg de citrouille (potiron, potimarron ou autre courge) • 1 gousse d'ail • 2 échalotes ou 1 petit oignon • 1 litre de bouillon de légumes • 4 cuill. à soupe de crème fraîche légère • 4 cuill. à café de persil ciselé • 1 cuill. à café de cannelle et de noix de muscade râpée • Sel, poivre

- Epépinez et pelez la citrouille, puis coupez-la en cubes grossiers.
- Pelez l'échalote (ou l'oignon) et l'ail.
- Placez les cubes de citrouille, l'échalote et l'ail dans une casserole.
- Couvrez de bouillon de légumes et portez à ébullition, puis laissez cuire 20 minutes à couvert et à feu moyen.
- Passez au mixeur plongeant. Ajoutez la cannelle, la noix de muscade, du sel et du poivre.
- Servez ce velouté dans des assiettes creuses, faites un petit tourbillon avec 1 cuill. à soupe de crème fraîche légère au-dessus, parsemez de persil et savourez !

SAUTÉ DE COURGETTES AUX AMANDES

Facile • Familial

Végétalien • Sans gluten — *45 min*

Voilà un plat savoureux, parfumé de romarin et saupoudré d'amandes effilées qui lui apportent une petite note croquante.

Pour 4 personnes : 6 courgettes tranchées finement • 3 branches de céleri coupées finement • 200 g de tomates cerises coupées en deux • 6 cuill. à soupe d'amandes effilées • 1 gros oignon émincé • 3 cuill. à café de romarin • 4 cuill. à soupe d'huile d'olive • Sel, poivre

- Faites caraméliser l'oignon dans l'huile d'olive puis réservez. (Prenez le temps de caraméliser l'oignon à feu doux. Plus doux est le feu, plus le goût caramélisé sera prononcé.)
- Dans la même poêle, faites revenir les courgettes et le céleri pendant 15 minutes à feu doux-moyen. Ajoutez les tomates.
- Une fois que tous les légumes ont bien réduit (environ 20 minutes, mais quand j'ai le temps, j'aime les laisser cuire jusqu'à 45 minutes à feu très doux), ajoutez les oignons caramélisés, les amandes effilées, du sel, du poivre et le romarin. Mélangez puis dégustez.

SPAGHETTIS DE COURGETTES JAUNES

Facile • Familial

Végétalien — *30 min*

» Pour cette recette, vous aurez besoin d'une centrifugeuse. Découvrez le plaisir des pâtes sans la farine mais avec des légumes.

Pour 4 personnes. ***Pour la sauce :*** **200 g de céleri-rave coupé en dés • ½ pomme type Fuji épépinée mais non pelée • 200 g de noix de cajou fraîches trempées dans l'eau pendant 4 heures • 3 cuill. à soupe de jus de citron • 1 cuill. à soupe d'huile d'olive à la truffe • Fleur de sel, poivre •** ***Pour les spaghettis :*** **3 courgettes jaunes râpées • 350 g de petits pois frais ou décongelés • ½ botte de ciboulette**

- Mettez les courgettes râpées dans une passoire, salez-les et laissez-les dégorger pendant 30 minutes.
- Pendant ce temps, préparez la sauce. Passez le céleri-rave et la pomme à la centrifugeuse.
- Versez ce jus dans votre blender et ajoutez les noix de cajou et le jus de citron.
- Mixez et ajoutez un peu d'eau si nécessaire, afin d'obtenir une sauce crémeuse. Assaisonnez de sel, de poivre et d'huile à la truffe, puis réservez.
- Mélangez les courgettes, les petits pois et la ciboulette ciselée dans un saladier de taille moyenne.
- Ajoutez 1 à 2 petites louches de sauce afin d'en imprégner les courgettes.
- Dressez les spaghettis de courgette sur des assiettes creuses de service, et nappez-les d'un peu de sauce.
- Savourez sans tarder.

CAKE DE SARRASIN AUX LÉGUMES ET PRUNEAUX D'AGEN

Facile

Végétalien • Sarrasin • Sans gluten *1 h 15*
+ 1 h de repos pour la pâte

▶▶ Le pruneau est une prune séchée. Riche en fer, il a également un fort pouvoir antioxydant. Très sucré, il s'intègre à merveille dans cette recette de cake sucré-salé.

Pour 8 personnes : 125 g de farine de sarrasin • 4 œufs • 50 cl de lait d'amande • 2 courgettes coupées en rondelles • 2 carottes coupées en rondelles • 2 oignons paille émincés • 3 gousses d'ail hachées • 1 cuill. à soupe d'huile d'olive • 10 pruneaux dénoyautés • Fleur de thym • Sel, poivre • Thé noir

- Faites tremper les pruneaux dans du thé noir tiède pendant 15 minutes.
- Mettez la farine dans un saladier, incorporez le lait et les œufs battus en fouettant vigoureusement.
- Laissez reposer la pâte à cake pendant 1 heure à température ambiante.
- Pendant ce temps, faites dorer les rondelles de carotte et de courgette dans une poêle huilée. Laissez-les refroidir.
- Ajoutez-les à la pâte à cake.
- Préchauffez le four à 180 °C (th. 6).
- Mélangez puis ajoutez les oignons, l'ail, de la fleur de thym et les pruneaux coupés en quatre. Mélangez bien, salez et poivrez.
- Versez la préparation dans un moule à cake en métal graissé ou, mieux, dans un moule en silicone.
- Enfournez pour 1 heure.
- Le gâteau est cuit quand la pointe d'un couteau piquée au centre ressort presque sèche.

BURGER VÉGÉTARIEN

Familial

Végétalien

1 h 30

Sources de protéines, ces hamburgers végétariens faits maison allient légumes secs et céréales complètes... et sont dépourvus des graisses que contiennent la plupart des burgers végétariens du commerce.

Pour 3 burgers : 1 boîte de 400 g de lentilles (240 g égouttées) • 1 boîte de 400 g de haricots rouges (240 égouttés) • 3 cuill. à soupe de son de blé • 5 cuill. à soupe de flocons d'avoine • 2 cuill. à soupe de ketchup • 1 cuill. à soupe de sauce soja • Sel, poivre

- Égouttez et rincez les lentilles et les haricots rouges.
- Mixez-les soit au mixeur, soit patiemment au-dessus d'un grand bol au presse-purée.
- Quand la pâte est homogène, incorporez le son de blé et les flocons d'avoine.
- Ajoutez le ketchup et la sauce soja jusqu'à obtenir une pâte pas trop liquide.
- Salez et poivrez.
- Préchauffez le four à 100 °C (th. 3-4).
- Façonnez des burgers avec un grand cercle de cuisine en métal. Tapissez une grille du four de papier sulfurisé et déposez 1 grosse cuill. à soupe de pâte dans le cercle, puis aplatissez soigneusement la préparation avec une petite cuillère. Recommencez jusqu'à épuisement de la pâte.
- Faites sécher ces burgers au four durant environ 1 heure.
- Retirez-les du four lorsque le dessus commence à se craqueler.
- Servez avec de la salade de riz aux raisins secs pour un équilibre en protéines végétales optimum.

ROULÉS D'AUBERGINE PANÉS À LA BROUSSE

Facile

Végétarien *50 min*

>> L'aubergine est une source de manganèse, un oligoélément très méconnu mais pourtant fondamental. Il favorise l'assimilation des graisses et des sucres. Le manganèse entre aussi dans le mécanisme de fabrication du collagène et de neutralisation des radicaux libres. L'aubergine fournit également de la vitamine B6, qui fait partie des coenzymes participant au métabolisme des protéines et des acides gras ainsi qu'à la synthèse des messagers dans l'influx nerveux. Bref, l'aubergine a tout bon pour notre santé !

Pour 4 personnes : 4 aubergines lavées mais non pelées • 1 cuill. à café de paprika de Hongrie • 1 cuill. à soupe de farine complète • 2 œufs • 2 cuill. à soupe de brousse (fromage frais) • 40 g de margarine non hydrogénée • 2 cuill. à soupe d'huile d'olive • Sel

- Coupez les aubergines dans la longueur en tranches pas trop épaisses.
- Salez-les et saupoudrez-les de paprika.
- Posez-les sur un grand plat plat, couvrez d'un second plat et posez un poids dessus puis laissez-les dégorger environ 30 minutes.
- Égouttez-les bien, puis épongez-les avec du papier absorbant.
- Enduisez les tranches d'aubergine d'un peu de brousse fraîche, puis roulez-les sur elles-mêmes, côté tartiné à l'intérieur.
- Appuyez bien avec le pouce pour « souder » les roulés. Passez-les dans la farine puis dans les œufs battus.
- Faites chauffer la margarine et l'huile d'olive dans une sauteuse, puis faites rissoler les roulés en les tournant de temps en temps pour les dorer de partout.
- Servez accompagné d'une salade frisée, par exemple.

PAINS PITAS COMPLETS MAISON

Végétalien

1 h
+ 1 à 2 h de repos pour la pâte

» Le pain pita est le pain rond traditionnel du Moyen-Orient.

Pour 10 pains : 500 g de farine complète bio • 1 sachet de levure de boulanger • 1 pincée de sel • 1 pincée de sucre

- Faites fondre la levure de boulanger et le sucre dans 15 cl d'eau tiède. Laissez reposer 15 à 20 minutes.
- Mettez la farine complète dans un saladier avec le sel.
- Versez la préparation à la levure, malaxez pendant quelques minutes puis ajoutez 15 cl d'eau.
- Continuez de malaxer pendant 10 à 15 minutes puis roulez la pâte en boule. Réservez-la dans un saladier recouvert d'un torchon pendant 1 à 2 heures, dans un endroit sec et chaud.
- Farinez le plan de travail et étalez la pâte.
- Découpez-la en 8 à 10 pâtons. Étalez chaque pâton en formant un cercle de quelques millimètres d'épaisseur.
- Laissez-les reposer 15 minutes sur le plan de travail.
- Faites cuire les pitas dans une poêle légèrement huilée pendant 2 minutes de chaque côté. Vos petits pains doivent dorer et gonfler lors de la cuisson.

Astuce : si vous possédez une machine à pain, il vous suffit d'y mettre tous les ingrédients et de sélectionner le bon programme !

PURÉE DE CHOU ROMANESCO

Facile • Familial

Végétalien • Sans gluten

25 min

» Comme tous les choux, le chou romanesco est riche en vitamines (C notamment) et en différents minéraux. Son intérêt principal est sa teneur en composés soufrés efficaces contre les méfaits de la pollution, des produits chimiques et autres agressions extérieures qui peuvent être responsables de certains cancers.

Pour 2 personnes : 1 chou romanesco coupé en morceaux • 2 cuill. à soupe d'huile d'olive • Sel, poivre

- Faites cuire le chou à la vapeur pendant 20 minutes.
- Réduisez-le en purée au mixeur.
- Ajoutez l'huile d'olive, du sel, du poivre et dégustez bien chaud.

GALETTES DE SARRASIN ET LENTILLES

Facile

Végétalien • Sarrasin • Sans gluten — *10 min + 2 h de repos pour la pâte*

Une autre variante de la galette de sarrasin, cette fois salée, avec des lentilles.

Pour 4 personnes : 100 g de farine de sarrasin • 100 g de lentilles cuites • 2 œufs • 4 cuill. à soupe d'huile d'olive (+ un peu pour la poêle) • 40 cl de bouillon de légumes • Sel, poivre

- Mettez tous les ingrédients dans le bol d'un mixeur.
- Mixez longuement afin d'obtenir une pâte bien lisse.
- Laissez reposer au réfrigérateur pendant 2 heures.
- Si la pâte s'est trop épaissie, détendez-la en ajoutant un peu d'eau et battez-la au fouet.
- Faites cuire les galettes dans une crêpière huilée bien chaude.
- Servez avec du jambon blanc, de la tomme de chèvre, une belle salade de tomates ou encore une soupe de légumes.

CAPPUCCINO DE CHAMPIGNONS

Facile

Végétalien • Sans gluten — *1 h 15*

Riche en eau et donc pauvre en calories, le champignon de Paris est le champion en vitamine B3, bonne pour la peau et le système nerveux. C'est un véritable allié minceur qui, grâce à sa teneur élevée en protéines végétales, a un fort pouvoir rassasiant. Sans parler de sa richesse en fibres, bonnes pour le transit.

Pour 4 personnes : 500 g de champignons de Paris • 1 oignon • 20 cl de crème légère • 200 g de champignons mélangés (shiitaké ou autres) émincés • Le jus de ½ citron • 20 cl de vin blanc • Persil ciselé • 1 cuill. à café de margarine non hydrogénée • Huile d'olive • Sel, poivre

- Émincez l'oignon et faites-le suer dans la margarine.
- Ajoutez les champignons de Paris émincés et le jus de citron.
- Faites-les revenir quelques minutes.
- Couvrez avec 80 cl d'eau et le vin blanc.
- Salez légèrement et faites cuire environ 1 heure à petit feu.
- Passez au mixeur les champignons de Paris et leur jus, mettez-les dans une casserole.
- Ajoutez la crème et faites réduire à petit feu jusqu'à obtenir une consistance légèrement veloutée, puis réservez.
- Faites sauter l'émincé de champignons mélangés avec un peu d'huile, salez, poivrez et ajoutez un peu du persil.
- Répartissez le cappuccino de champignons dans 4 petits bols de service, ajoutez quelques champignons revenus et un peu de persil.
- Dégustez bien chaud.

Note : excellent servi dans une verrine pour un repas de fête.

POÊLÉE DE CHRISTOPHINES

Facile

Végétarien — *30 min*

Le saviez-vous ? La chayotte est un légume-fruit. C'est en souvenir de Christophe Colomb qu'elle porte aussi, aux Antilles, le nom de christophine, mais il s'agit bel et bien du même légume, encore appelé chouchou à La Réunion. En gratin, purée, farcie et même en gâteau, la christophine est un délice ! Elle ressemble à une grosse poire verte un peu tordue et conique, mais c'est une cucurbitacée comme nos melons, courges et autres courgettes, avec seulement 33 kcal pour 100 g. Elle est riche en minéraux : sodium, potassium, calcium, phosphore, magnésium, fer, zinc et cuivre, et est considérée comme un sucre lent, c'est-à-dire avec un faible index glycémique. Elle s'intègre donc parfaitement dans votre régime LeBootCamp ! De plus, elle apporte des vitamines A, B1, B2, B3, B6, B9 (acide folique), B12, E et C. Si vous n'en trouvez toutefois pas, vous pouvez les remplacer dans vos recettes par des courgettes ou toute autre cucurbitacée. Bon appétit !

Pour 4 personnes : 3 christophines • 2 gousses d'ail hachées • 10 tomates cerises • 1 litre de bouillon de légumes • Huile d'olive • Persil • Sel, poivre

- Pelez les christophines et coupez-les en deux.
- Retirez la grosse graine centrale puis tranchez-les finement.
- Faites chauffer une sauteuse avec 2 cuill. à soupe d'huile d'olive et ajoutez l'ail haché, les tomates cerises coupées en deux puis les tranches de christophine.
- Faites revenir le tout, en mélangeant souvent et délicatement pour ne pas écraser les christophines.
- Salez, poivrez et, dès que les christophines commencent à attacher, mouillez avec un peu de bouillon.
- Laissez encore cuire 10 à 15 minutes.
- Servez avec le persil ciselé et, par exemple, une escalope de dinde.

POÊLÉE DE PANAIS, NAVETS ET OIGNON ROUGE

Facile • Familial

Végétalien • Sans gluten — *40 min*

» Le panais est encore une racine un peu oubliée. Il est pourtant très intéressant à intégrer dans nos menus du fait de sa richesse en protéines et glucides lents qui en font un aliment énergétique. Par ailleurs, il est riche en de multiples minéraux ainsi qu'en vitamine C.

Pour 3 personnes : 4 panais • 3 navets • 1 gros oignon rouge • 1 gousse d'ail écrasée • Sel, poivre • 1 brin de thym • 4 cuill. à soupe d'huile d'olive

- Pelez les panais, les navets et l'oignon puis coupez-les en tranches.
- Faites revenir les tranches de panais et de navet dans une sauteuse avec 2 cuill. à soupe d'huile d'olive.
- Ajoutez l'ail, le thym, du sel et du poivre.
- Tournez régulièrement et ajoutez un peu d'eau au fil de la cuisson si cela attache.
- Faites caraméliser l'oignon rouge à feu doux dans une autre casserole avec le reste d'huile d'olive.
- Mouillez avec un peu d'eau pour éviter que cela attache.
- Laissez cuire le tout 15 à 20 minutes.
- Servez panais et navets avec l'oignon rouge caramélisé et un poisson vapeur.

LÉGUMES CHOP SUEY

Facile • Familial

Végétalien • Sans gluten *30 min*

Chop suey signifie « mélange de morceaux » et c'est un plat qui est souvent accompagné de viande, poulet ou porc. Vous pouvez mettre tous les légumes que vous voulez, mais en général la base est composée de poivrons et de carottes.

Pour 2 personnes : 2 carottes pelées • 1 courgette • 1 poivron • 80 g de poireau • 2 cl d'huile de sésame • 1 boîte de haricots mungo égouttés (appelés, à tort, pousses de soja) • Gingembre • 1 gousse d'ail • 3 cl de sauce soja à teneur réduite en sodium • Sel, poivre

- Coupez tous les légumes en julienne.
- Hachez l'ail.
- Faites revenir la julienne de légumes et l'ail dans un wok avec l'huile de sésame.
- Hors du feu, ajoutez les haricots mungo, le gingembre et la sauce soja. Mélangez.
- Assaisonnez avec sel et poivre.

PESTO DE COURGETTES AUX NOISETTES

Facile • Familial

Végétalien • Sans gluten *30 min*

Voilà un mélange original et subtil qui rappelle très bien le traditionnel pesto tout en apportant une note nouvelle à votre plat de pâtes ou de riz. Une recette qui fait toujours son petit effet et satisfait tous les palais.

Pour 4 personnes : 1 grosse courgette • 1 vingtaine de noisettes émondées • 2 gousses d'ail pelées • 2 cuill. à soupe d'huile d'olive • 60 g de parmesan • 4 feuilles de basilic haché • Sel, poivre

- Faites cuire la courgette coupée en grosses rondelles à la vapeur (ou dans une casserole d'eau) quelques minutes – il faut qu'elle reste encore un peu ferme.
- Pendant ce temps, préparez le pesto aux noisettes.

- Mettez les gousses d'ail dans un mini-hachoir avec le basilic et les noisettes (réservez-en 3 pour la déco).
- Ajoutez 1 cuill. d'huile d'olive.
- Mixez une première fois puis ajoutez le reste d'huile.
- Salez, poivrez et mixez de nouveau. Réservez.
- Égouttez les courgettes et passez-les au mixeur.
- Ajoutez le pesto et le parmesan dans le bol du mixeur.
- Mixez jusqu'à obtenir une purée granuleuse.
- Faites griller les quelques noisettes réservées dans une poêle.
- Versez le pesto dans un bol et décorez avec les noisettes grillées.
- Réservez au frais jusqu'au moment de servir.
- Ce pesto peut être servi avec des pâtes fraîches, du riz basmati complet ou tout simplement sur des tartines grillées en en-cas.

BROCHETTES DE TOFU, TOMATES ET CHAMPIGNONS

Facile • Rapide

Végétalien • Sans gluten — *15 min*

Ces petites brochettes colorées peuvent accompagner poisson et viande mais ont également leur place au moment de l'apéritif.

Pour 2 personnes : 250 g de tofu ferme • 250 g de tomates cerises • 12 petits champignons de Paris • 2 cuill. à soupe de graines de sésame • 1 cuill. à soupe de sauce soja • 1 cuill. à soupe d'huile de colza

- Coupez le tofu en cubes de la même taille que les tomates.
- Rincez rapidement les champignons et recoupez légèrement le pied.
- Réalisez les brochettes en alternant tomates, tofu et champignons.
- Faites cuire les brochettes sur un gril 10 minutes à feu moyen, en les retournant à mi-cuisson.
- Mélangez l'huile et la sauce soja dans un bol.
- Assaisonnez les brochettes avec ce mélange et parsemez-les de graines de sésame.
- Si vous avez le temps, vous pouvez mettre les dés de tofu à mariner pendant 1 à 2 heures dans un mélange de moutarde, de sauce soja et d'huile d'olive.

GRATIN DE CHAMPIGNONS ET POMMES DE TERRE

Facile • Familial

Végétalien • Sans gluten

2 h

» Facile à faire, ce délicieux gratin enchantera toute la famille. Il s'agit cependant d'une recette assez riche, donc servez-vous une portion de la taille de la paume de la main (et deux fois cette taille si vous avez prévu d'aller brûler le repas en marchant une bonne heure !).

Pour 6 personnes : 1 kg de pommes de terre • 250 g de champignons de Paris ou de cèpes en saison • 2 feuilles de laurier • 2 brins de thym • 3 gousses d'ail • 25 cl de lait écrémé • 50 cl de crème allégée • 40 g de beurre • 100 g d'emmental • Sel, poivre

- Préchauffez le four à 180 °C (th. 6).
- Portez à ébullition le lait avec la crème, 1 cuill. à café de sel, 1 pincée de poivre, le laurier, l'ail pelé et le thym.
- Couvrez, retirez du feu et laissez infuser.
- Épluchez les pommes de terre et coupez-les en fines rondelles.
- Nettoyez les champignons et coupez-les en lamelles.
- Beurrez généreusement un plat à gratin.
- Déposez-y une couche de pommes de terre.
- Salez, poivrez et parsemez d'emmental.
- Couvrez d'une couche de champignons, et poursuivez en alternant pommes de terre et champignons.
- Retirez l'ail, le thym et le laurier du mélange lait-crème et nappez-en le gratin, en évitant de remplir le plat jusqu'en haut pour ne pas que le lait s'échappe durant la cuisson.
- Enfournez pour 1 h 30, jusqu'à ce que le dessus soit bien doré et les pommes de terre fondantes.
- Servez bien chaud, éventuellement parsemé de persil haché. Ce gratin se marie très bien avec une salade de mâche.

TATIN À LA TOMATE ET AUX OIGNONS CONFITS

Facile • Familial

Végétarien

45 min

Voici un plat offrant un bel apport en lycopène, antioxydant qui, allié aux vertus de l'oignon – riche en minéraux et oligoéléments aux propriétés antioxydantes et immunitaires –, en fait un plat jeunesse intéressant et savoureux. La version que je propose est une version un peu light car allégée en sucre. (Le confit d'oignons nécessite normalement une quantité importante de sucre, mais nous avons tendance à manger trop sucré, ce qui entraîne des problèmes de surpoids et l'apparition, à plus ou moins long terme, de maladies telles que le diabète.)

Pour 4 personnes : 1 pâte brisée ou feuilletée • 5 tomates • 2 oignons • 1 cuill. à soupe de sucre roux • Fromage de chèvre ou gruyère • Sel, poivre et thym • Huile d'olive

- Coupez les tomates en tranches, éliminez les pépins et le jus pour ne pas détremper la pâte.
- Pelez et coupez les oignons en lamelles.
- Faites-les blondir à feu doux dans une casserole avec de l'huile d'olive.
- Salez et poivrez.
- Quand les oignons sont blonds, poursuivez la cuisson en ajoutant le sucre roux et ½ verre d'eau.
- Laissez évaporer l'eau tout en continuant de tourner.
- Arrêtez le feu lorsque les oignons ont pris une couleur ambrée.
- Préchauffez le four à 180 °C (th. 6).
- Saupoudrez le fond d'un moule à tarte légèrement huilé de thym émietté, puis répartissez les oignons confits.
- Couvrez de 4 fines tranches de fromage de chèvre ou de gruyère.
- Disposez les tranches de tomate dessus.
- Salez, poivrez et ajoutez éventuellement un peu de thym.
- Couvrez de la pâte et enfournez pour 25 minutes.
- Retournez la tarte sur un plat et servez chaud !

GRATIN DE FRAMBOISES

Facile

Végétalien • Sans gluten *30 min*

Un bon dessert bien sucré pour satisfaire l'envie de douceur qui nous tenaille parfois. La framboise est source de vitamines A, B1, B2, E et C ainsi que de composés phénoliques antioxydants, de manganèse et de fer.

Pour 4 personnes : 500 g de framboises • 2 œufs • 20 cl de crème allégée ou de crème de soja • 100 g de sucre en poudre • 2 pincées de fécule de maïs • 1 citron non traité • 1 gousse de vanille ou de l'extrait de vanille • 10 g de beurre

- Répartissez les framboises dans un plat à gratin beurré.
- Cassez les œufs dans un saladier.
- Ajoutez le sucre et fouettez jusqu'à ce que le mélange « gonfle ».
- Prélevez le zeste du citron.
- Retirez les graines noires aromatiques de la gousse de vanille avec la pointe d'un couteau.
- Préchauffez le four à 200 °C (th. 6-7).
- Ajoutez la crème fraîche au mélange œufs-sucre en fouettant, puis la fécule, le zeste de citron râpé et les graines de vanille.
- Versez cette préparation sur les fruits et enfournez pour 15 minutes, puis mettez le four sur gril et faites gratiner le dessus du plat pendant 5 minutes, en surveillant.

GLACE À LA NOISETTE

Familial

Végétalien • Cru • Sans gluten *20 min*
+ quelques heures de congélation

Comme la majorité des fruits oléagineux, la noisette a un effet hypocholestérolémiant. Elle permet également de lutter contre le diabète de type 2 et d'améliorer la santé cardio-vasculaire. Tous les moyens sont bons pour en manger, et je suis sûre que vous apprécierez cette recette, surtout pendant les longues et chaudes soirées d'été.

Pour 4 personnes : 250 g d'amandes trempées dans l'eau pendant 12 heures • 250 g de noisettes • 125 g de dattes dénoyautées • 2 cuill. à soupe de lécithine • ½ cuill. à café de sel • 1 cuill. à café d'extrait de vanille ou la pulpe de 1 gousse de vanille

- Après avoir fait tremper les amandes, rincez-les et égouttez-les.
- Mettez les amandes, les noisettes et 3 fois leur volume d'eau fraîche dans votre blender. (Si votre bol est trop petit, opérez en 2 fois.)
- Mixez durant quelques minutes, puis mettez cette purée liquide à égoutter dans une mousseline au-dessus d'un récipient pour en récupérer le lait.
- Versez ce lait dans le bol d'un robot mixeur.
- Ajoutez les dattes, la lécithine, la vanille et le sel.
- Mixez bien puis versez la préparation dans un bac à glace et faites-la prendre quelques heures au congélateur. Idéalement, utilisez une sorbetière pour une texture parfaite.

BONBONS DE KIWI

Facile • Familial

Végétalien • Cru • Sans gluten — *5 min + 6 à 8 h de déshydratation*

Un petit plaisir sans culpabilité ! Les enfants adorent ce petit snack santé plein de vitamine C – qui n'est pas détruite par la chaleur du déshydrateur.

Pour 5 personnes : 5 kiwis

- Pelez les kiwis puis coupez-les en 8 quartiers.
- Étalez ces quartiers sur un plateau de déshydratation.
- Enfournez dans le déshydrateur pour 6 à 8 heures à 40 °C.
- Ces bonbons se conservent au frais pendant 1 semaine et constituent de délicieux en-cas.

MOELLEUX AUX POMMES

Facile • Familial

Végétarien — *40 min*

Un petit plat qui fait plaisir, un peu riche mais pas trop. À réserver aux petits déjeuners du week-end, avec un fruit et un bon thé.

Pour 4 personnes : 1 œuf • 1 yaourt à la vanille à 0 % • 60 g de crème fraîche légère à 8 % • 80 g de farine • 1 sachet de levure chimique • 2 pommes • 20 g d'amandes broyées

- Préchauffez le four à 180 °C (th. 6).
- Battez l'œuf avec le yaourt, la crème fraîche, la farine et la levure.
- Épluchez et coupez les pommes en petits morceaux.
- Ajoutez pommes et amandes au mélange précédent.
- Mélangez bien et versez la préparation dans des petits moules à soufflé ou à muffin.
- Enfournez pour 20 à 30 minutes, selon la taille des moules.

COMPOTE POIRES-FIGUES

Facile • Familial

Végétalien • Sans gluten — *30 min*

La poire, peu calorique, est un vrai petit concentré de nutriments essentiels. Vitamines C, PP et B, potassium, calcium, magnésium, phosphore ou encore zinc... de quoi participer aux apports journaliers recommandés pour conserver une santé de fer !

Pour 4 personnes : 4 poires • 6 grosses figues • 4 cuill. à soupe de nectar d'agave ou de miel • 1 pincée de cannelle (facultatif)

- Pelez et épépinez les poires, puis coupez-les en 6 tranches. Coupez les figues en quatre.
- Mettez poires et figues à cuire dans une sauteuse avec un peu d'eau et le nectar d'agave ou le miel.
- Servez cette compote tiède, éventuellement saupoudrée de cannelle.

MOUSSE STROGANOFF

Familial

Végétalien • Cru • Sans gluten

10 min
+ 2 h de trempage
+ 1 h de réfrigération

Cette recette délicieuse n'a pas fini de vous surprendre ! Elle contient des fraises, peu caloriques et riches en vitamines C, et des baies, qui, vous le savez, présentent de nombreux avantages, notamment celui de lutter contre le vieillissement de la peau, ainsi que des noix de cajou ou des noix – riches en oméga-3. Une mousse santé dont on ne va pas se priver !

Pour 2 personnes : 8 fraises coupées en petits morceaux • 4 autres baies de couleurs différentes, ou bien des petits bouts de kiwi ou d'orange • Quelques feuilles de menthe • Quelques gouttes de miel ou de nectar d'agave • 1 ½ verre à moutarde de noix de cajou ou de noix fraîches • 1 verre de jus d'orange frais • 4 dattes sans noyau • quelques gouttes d'extrait de vanille ou d'amande amère

- Mettez à tremper les noix de cajou (non grillées et non salées) ou les noix dans l'eau fraîche pendant au moins 2 heures.
- Égouttez-les et mettez-les dans le mixeur avec le jus d'orange, les dattes (sans les noyaux !), l'extrait de vanille ou d'amande amère.
- Mixez jusqu'à obtention d'une crème lisse. Versez cette crème dans des verres hauts assez larges puis ajoutez les fruits.
- Placez au réfrigérateur pour 1 h minimum.
- Servez avec 2 ou 3 feuilles de menthe et quelques gouttes de miel ou de nectar d'agave pour faire briller le tout.

ATTAQUE

NOISETINE AUX FRAMBOISES

Facile • Rapide • Familial

Végétalien • Cru • Sans gluten — *5 min*

» Une de mes recettes favorites. À consommer en dessert ou en collation. Voici un choix sain, plein de bonnes choses et qui vous titillera les papilles, foi de coach !

Pour 1 personne : 250 ml lait de noisette ou Noisetine • 1 banane • 1 cuill. à soupe d'extrait de vanille • 1 poignée de framboises fraîches ou surgelées • 1 cuill. à soupe de stevia ou de Truvia

- Mixez tous les ingrédients au blender.
- Versez dans un joli verre et dégustez immédiatement.

MOUSSE AU CHOCOLAT SANS ŒUFS

Facile • Rapide

Végétalien • Sans gluten — *25 min + 12 h de réfrigération*

» Voici une délicieuse recette peu calorique pour les personnes allergiques ou intolérantes aux œufs. Connaissez-vous le tofu soyeux dont vous aurez besoin pour la réaliser ? C'est l'équivalent « frais » du tofu classique : cela ressemble à du fromage blanc, d'où son nom. Vous en trouverez dans les magasins bio et spécialisés.

Pour 4 personnes : 100 g de chocolat noir amer à 85 % de cacao • 100 g de chocolat noir aux éclats de cacao • 400 g de tofu soyeux (1 barquette) • 1 cuill. à soupe de sucre brun ou 1 pincée de stevia

- Faites fondre le chocolat avec un peu d'eau au bain-marie.
- Ajoutez 1 ou 2 cuill. à soupe d'eau si besoin.
- Mélangez bien jusqu'à obtention d'une pâte homogène.
- Ajoutez le sucre et le tofu.
- Mixez au blender assez longuement pour aérer la préparation.
- Versez cette mousse dans des ramequins et laissez prendre une nuit au réfrigérateur.
- Bon appétit !

CRÈME BALSAMIQUE SUR AGRUMES

Facile

Végétalien • Sans gluten *30 min*

▶▶ Cette recette au goût original saura vous surprendre ! Il existe plusieurs variantes de crème balsamique, la mienne est à base de fruits rouges et orange.

Pour 4 personnes : 50 cl de vinaigre balsamique • 200 g de crème fraîche ou de crème à base de tofu • Quelques feuilles de menthe pour garnir • Sucre de canne bio (facultatif) • 1 barquette de framboises • 4 petites oranges sanguines • Mûres et myrtilles (en saison)

- Épluchez les oranges et retirez la peau blanche afin de récupérer la pulpe.
- Mettez les morceaux d'orange, les framboises et les autres fruits rouges dans un saladier. Réservez.
- Versez le vinaigre dans une casserole à fond épais et faites-le bouillir pendant 15 minutes, ou jusqu'à ce qu'il ait la consistance d'un sirop un peu épais, en veillant à ne pas le laisser trop réduire pour ne pas le faire brûler.
- Laissez-le refroidir puis ajoutez la crème, mélangez et nappez-en les fruits.
- Mélangez à nouveau et ajoutez éventuellement un peu de sucre.
- Servez aussitôt.

SMOOTHIE AUX GRAINES DE CHANVRE ET AUX FRUITS

Rapide

Végétalien • Cru • Sans gluten *5 min*

▶▶ Les graines de chanvre étaient couramment consommées jusqu'au XIXe siècle. Elles le sont beaucoup moins aujourd'hui. Pourtant, leur composition est idéale pour un apport en protéines sain. Non seulement ces graines contiennent des quantités importantes d'acides aminés soufrés et d'arginine mais les protéines de la graine de chanvre sont également mieux digérées que celles de ses cousines, car elles ne contiennent pas d'inhibiteur de la trypsine (la trypsine est un enzyme qui digère les protéines). Vous voyez, les graines de chanvre ont tout bon ! Elles contiennent en effet 32 g de protéines pour 100 g. Voilà une source végétale de protéines exempte de graisses saturées.

Pour 2 personnes : 25 g d'amandes fraîches trempées 12 heures dans l'eau • 1 banane • 16 fraises fraîches • 1 pomme • 1 poire coupée en petits dés • Le jus de 1 citron • 2 cuill. à soupe de graines de chanvre • 15 cl de lait

- Mettez tous les ingrédients dans le blender excepté les dés de poire et quelques graines de chanvre pour décorer.
- Répartissez le smoothie dans 2 bols de service, ajoutez les dés de poire et parsemez de quelques graines de chanvre.

COUSCOUS SUCRÉ AUX DEUX RAISINS

Facile • Familial

Végétalien

45 min

Voici la recette d'un couscous sucré pour le dessert. Surprenez vos amis avec ce mélange de semoule, pignons et fruits secs.

Pour 3 personnes : 250 g de couscous précuit • 3 cuill. à soupe de raisins secs • 3 cuill. à soupe de pignons de pin • 1 petite grappe de raisin frais rincé • 3 dattes coupées en petits morceaux • 3 abricots secs coupés en petits morceaux • 1 cuill. à café de stevia (ou plus selon vos goûts) • 1 pincée de cannelle • Le jus de 3 citrons

- Versez la semoule dans un saladier et arrosez de jus de citron.
- Laissez macérer pendant 20 min.
- Au terme des 20 minutes, saupoudrez de stevia et de cannelle.
- Mélangez bien puis ajoutez les fruits secs et frais détaillés en morceaux.
- Remplissez des ramequins ou des verres pour présenter ce dessert.
- Démoulez sur une assiette et décorez de menthe et de fruits frais s'il vous en reste.

COMPOTÉE DE POMMES PAYSANNES

Facile • Familial

Végétalien • Sans gluten *45 min*

» Ce n'est plus un secret, la pomme est l'aliment minceur par excellence. Pour changer, mangeons-la sous forme de compote, sans sucre ajouté bien sûr.

Pour 4 personnes : 10 à 20 pommes golden ou autres • Le jus de 1 citron • 1 cuill. à café d'extrait de vanille

- Pelez les pommes et coupez-les en morceaux.
- Déposez-les dans une casserole et arrosez de jus de citron.
- Faites cuire à feu doux (la lenteur de la cuisson va permettre aux fruits de caraméliser un peu plus) jusqu'à ce que les morceaux ramollissent.
- Laissez refroidir quelques minutes puis écrasez à la fourchette. Ajoutez la vanille. Savourez ce dessert simple et délicieux.

SMOOTHIE AUTOMNAL CAMPAGNARD

Rapide

Végétalien • Cru • Sans gluten *10 min*

» Oui l'ortie est bonne pour vous ! Et pas de crainte à avoir, grâce au mixage les poils urticants de l'ortie sont inactifs. L'ortie a plus d'un tour dans son sac et, si on la consomme crue comme dans ce smoothie, ses bienfaits sont décuplés.

Pour 2 personnes : 1 grosse poignée de têtes d'orties rincées rapidement à l'eau • 2 poignées de mûres sauvages • 1 poire bien mûre • 50 cl de jus de pomme obtenu avec la centrifugeuse

- Mixez tous les ingrédients au blender et dégustez !

STABILISATION

PETIT DÉJEUNER

APÉRITIF

ENTRÉES

POISSONS

VIANDES

PLATS VÉGÉTARIENS

DESSERTS

TORTILLA AUX ŒUFS BROUILLÉS

Facile • Rapide • Familial
Végétarien
20 min

» Cette tortilla, véritable repas complet, est idéale pour un brunch en famille ou entre amis, et vous évitera d'avoir faim une heure après le petit déjeuner.

Pour 4 personnes : 8 œufs • 4 tortillas complètes • 60 g de cheddar râpé • 1 cuill. à soupe d'huile de colza • Ciboulette ciselée • Sauce tomate (maison ou toute prête) • Sel, poivre

- Faites légèrement chauffer les tortillas enveloppées d'aluminium ménager au four.
- Pendant ce temps, faites chauffer l'huile dans une poêle, puis cassez les œufs dedans.
- Mélangez rapidement avec une cuillère en bois jusqu'à ce que tout soit complètement jaune.
- Ajoutez le cheddar, salez, poivrez et mélangez à nouveau.
- Sortez les tortillas du four et garnissez-les d'œufs brouillés.
- Ajoutez de la ciboulette ciselée et de la sauce tomate.
- Servez aussitôt, accompagné d'un fruit pour un équilibre parfait.

TARTINES DE DADDY

Rapide • Familial
Végétalien
5 min

» Voici une recette familiale que mon fils adore, pleine d'antioxydants (ceux de la tomate), d'huile de bonne qualité (l'huile d'olive) et de fibres bienfaitrices pour notre transit. Un petit déjeuner santé qui ensoleillera vos matins d'hiver ou vous préparera pour une journée à la plage.

Pour 1 personne : 1 tranche de pain complet • 4 tranches très fines de tomate • 1 cuill. à café d'huile d'olive • Fleur de sel et poivre

- Faites griller la tranche de pain au four ou au grille-pain.
- Étalez dessus les tranches de tomate.
- Arrosez d'huile d'olive.
- Salez et poivrez selon vos goûts.

BARRES ÉNERGÉTIQUES AU POTIMARRON

Facile

Végétalien • Sans gluten — *10 min + 12 h de déshydratation*

Le potimarron, encore appelé courge châtaigne (à cause de son goût) ou courge de Chine, nous a été rapporté d'Amérique par Christophe Colomb. Riche en vitamine A, B, C, D, E et en oligoéléments, il a un goût sucré qui permet de le cuisiner en dessert ou en en-cas.

Pour 15 barres : 90 g de graines de courges réduites en poudre • 300 g de potimarron coupé en dés • 30 g de graines de tournesol • 60 g de noix de coco râpée • 70 g d'abricots secs coupés en dés • 2 cuill. à café de cannelle en poudre • 1 cuill. à soupe de sirop d'érable • 1 cuill. à café de muscade

- Mixez les dés de potimarron.
- Ajoutez les autres ingrédients et mixez à nouveau jusqu'à obtenir la consistance d'une pâte assez compacte mais pas homogène.
- Modelez des barres et faites-les déshydrater 12 heures à 37 °C.
- Conservez-les soit dans une boîte hermétique, au frais, soit au congélateur.
- Vous aurez ainsi un délicieux en-cas sous la main.

SHAKE À LA MANGUE

Rapide

Végétalien • Cru • Sans gluten — *10 min*

Les jours où il fait chaud ou après une séance de sport intense, rafraîchissez votre corps en lui apportant des nutriments comme le potassium. Ce shake constitue aussi une excellente boisson de petit déjeuner, avec deux tartines de pain allemand (pumpernickel) et un peu de confiture de fraises.

Pour 1 personne : 1 tasse de lait de soja (ou tout autre lait végétal) • 1 mangue coupée en cubes (si possible congelée depuis la veille) • ½ banane • 5 glaçons si la mangue n'est pas congelée • 1 cuill. à soupe de nectar d'agave ou de miel bio, ou 1 sachet de Splenda • 10 gouttes d'extrait d'orange ou de vanille

- Mettez tous les ingrédients dans un blender et réduisez-les en purée.
- Bon appétit !

BOOST NEIGE

Facile • Rapide

Végétalien • Sans gluten — *5 min*

Ce Boost couleur neige, comme son nom l'indique, est riche en vitamine C, pour avoir la forme dès le réveil.

Pour 1 personne : 1 banane • 1 pêche blanche ou 6 litchis frais épluchés et dénoyautés • 1 pomme verte avec la peau • 4 glaçons

- Mettez tous les ingrédients dans votre centrifugeuse.
- Récupérez le jus et passez-le au blender avec les glaçons. (Évitez les glaçons si vous faites ce boost en hiver ou un matin froid.)
- Dégustez aussitôt !

MADELEINES À LA FARINE DE BLÉ NOIR ET AU BEURRE À LA FLEUR DE SEL DE GUÉRANDE

Rapide • Familial

Végétalien • Sarrasin — *20 min*

Voici ma recette de madeleines pour le petit déjeuner du dimanche, mais à la farine de sarrasin, histoire de profiter des bienfaits du sarrasin même le week-end. Cette recette est riche, donc limitez-vous à deux madeleines si vous voulez titiller vos papilles sans pour autant ruiner vos efforts.

Pour 12 madeleines : 2 œufs • 130 g de farine de sarrasin tamisée • 100 g de beurre à la fleur de sel de Guérande • 1 cuill. à soupe de miel de sarrasin ou toutes fleurs • 50 g de sucre • ½ paquet de levure chimique

- Préchauffez le four à 240 °C (th. 8).
- Faites fondre le beurre et versez-le dans un saladier.
- Ajoutez la farine, la levure, le miel et le sucre.
- Mélangez bien, puis ajoutez les œufs un à un.
- Couvrez et laissez reposer quelques minutes à température ambiante.
- Remplissez un moule à madeleines, en silicone de préférence, à la moitié seulement.
- Enfournez pour 6 minutes, puis baissez la température du four à 200 °C (th. 6-7) et poursuivez la cuisson 4 minutes.
- Sortez la plaque du four et démoulez les madeleines au bout de 5 minutes.
- Laissez refroidir sur une grille.

BOOST ACIDULÉ

Rapide

Végétalien • Cru • Sans gluten — *5 min*

» Si vous aimez les aliments au goût acide, ce Boost est fait pour vous. Pour autant, sachez que le pamplemousse et le citron sont des aliments alcalinisants. Étonnant, non ?

Pour 4 personnes : 300 g de framboises • Le jus de 1 pamplemousse rose • Le jus de 1 citron jaune • Le jus de 1 citron vert • 5 glaçons

- Mettez tous les ingrédients dans le blender.
- Mixez et dégustez sans plus attendre !

SMOOTHIE DE L'OASIS AUX DATTES MEDJOOL

Facile • Rapide

Végétalien • Sans gluten • Cru — *5 min*

La datte medjool est originaire du Maroc. Moelleuse, épaisse, charnue, sans fibres, elle a un goût extraordinairement sucré, et ce naturellement. Associée à une banane et du lait d'amande, elle constitue un smoothie énergétique par excellence.

Pour 1 personne : 4 dattes medjool • 1 banane • 20 cl de lait d'amande

- Dénoyautez les dattes.
- Mettez tous les ingrédients dans le blender.
- Versez ce smoothie dans un grand verre et dégustez.

ORANGES SÉCHÉES

Facile

Végétalien • Sans gluten — *10 min + 48 h de déshydratation*

Très simple à réaliser, cette recette vous permet d'avoir toujours un petit en-cas vitaminé sous la main !

Pour 6 personnes : 3 oranges bio

- Rincez et tranchez les oranges.
- Étalez-les sur une plaque de déshydratation.
- Enfournez la plaque dans le déshydrateur pour 24 heures à 40° C.
- Retournez les tranches et remettez-les dans le déshydrateur pour 24 heures supplémentaires, toujours à la même température.

SMOOTHIE ORANGE-MENTHE

Rapide

Végétalien • Cru • Sans gluten *15 min*

» Une boisson riche en vitamines et très fraîche !

Pour 1 personne : 2 belles oranges • 4 feuilles de menthe fraîche (ou plus) • 6 glaçons

- Pressez les oranges.
- Mettez le jus d'orange, les feuilles de menthe et les glaçons dans un mixeur.
- Mixez le tout et savourez cette boisson vitaminée.

BOOST TEINT DE PÊCHE

Facile • Rapide

Végétalien • Cru *5 min*

» Depuis des siècles, la papaye est utilisée dans les Caraïbes pour soigner les brûlures, abcès et autres infections de la peau. Sa teneur en latex favorise en effet la guérison.

Pour 1 personne : 1 papaye pelée, égrainée et coupée en petits dés • Le jus de 1 orange • Quelques feuilles de menthe fraîche • Le jus de ½ citron • 8 glaçons

- Mixez le tout et dégustez aussitôt !

Note : Ne jetez pas les graines de la papaye. Nettoyez-les et faites-les sécher au déshydrateur à 40 °C pendant 48 heures. Broyez ensuite ces graines déshydratées, riches en antioxydants, à l'aide d'un moulin à poivre pour aromatiser vos salades.

VERRINE AVOCAT, JAMBON ET CHÈVRE FRAIS

Sans gluten

45 min

» Souvent montré du doigt à cause de sa richesse en graisses, l'avocat convient en fait parfaitement aux personnes à forts besoins énergétiques, comme les sportifs ou les enfants en pleine croissance. L'avocat se distingue par un taux élevé d'acides gras insaturés, qui favorisent le bon fonctionnement de l'appareil cardio-vasculaire et de la circulation sanguine, et il permet aussi d'abaisser le taux de mauvais cholestérol dans le sang.

Pour 8 personnes : 4 avocats bien mûrs • Le jus de 1 gros citron • Huile d'olive • 1 cuill. à café d'herbes italiennes • Origan • 1 gousse d'ail réduite en purée • Sel, poivre, Tabasco • 1 bouquet de coriandre hachée • 2 cuill. à soupe de soyonnaise • 8 petites tranches de jambon blanc hachées menu • 1 fromage de chèvre en bûchette

- Coupez le fromage de chèvre en tranches pas trop épaisses puis saupoudrez-les d'origan et arrosez-les d'huile d'olive. Réservez.
- Réduisez les avocats en une purée grossière, puis arrosez-la de jus de citron.
- Salez légèrement, poivrez et ajoutez du Tabasco à votre convenance.
- Ajoutez les herbes italiennes et l'ail en purée.
- Versez un peu de purée d'avocat dans des verres transparents.
- Mélangez la coriandre hachée avec la soyonnaise.
- Ajoutez un peu d'eau si nécessaire.
- Salez et poivrez.
- Déposez sur la purée d'avocat une couche de jambon haché, puis 1 cuill. à soupe de crème de coriandre.
- Terminez par 1 tranche de chèvre aux herbes.
- Conservez au frais jusqu'au moment de servir.

CRACKERS AU PARMESAN

Facile

Végétarien

30 min

» Les crackers sont des biscuits salés secs d'origine britannique, légers et croquants. La technique de fabrication utilisée leur donne une structure feuilletée et une texture très friable. Dans les pays anglo-saxons, les crackers sont surtout servis avec le fromage. En France, ils accompagnent habituellement l'apéritif et sont aromatisés au fromage ou au lard fumé. Le véritable cracker a un goût neutre (farine de froment, matières grasses, levures, malt). Grâce à cette recette, épatez vos amis en confectionnant vous-même vos crackers d'apéritif!

Pour 4 personnes : 150 g de farine, complète de préférence • 25 g de parmesan râpé • ½ sachet de levure • 1 pincée de sel • 40 g de beurre ramolli découpé en petits cubes • Lait

- Préchauffez le four à 180° C (th. 6).
- Travaillez la farine et la levure avec le beurre et le parmesan.
- Ajoutez un peu de lait pour amalgamer le tout et formez une boule de pâte.
- Étalez la pâte sur un plan de travail fariné.
- Coupez-la en forme de petits cœurs, par exemple, à l'aide d'un emporte-pièce.
- Déposez-les sur une plaque recouverte de papier cuisson et enfournez pour 8 à 10 minutes.
- Servez ces crackers pour l'apéritif, avec de l'hummus ou du guacamole.

CRÈME D'AUBERGINES AUX TOMATES CONFITES

Facile

Végétalien • Sans gluten

45 min + 1 h de repos

Voilà un plat qui vous apportera votre quota d'acide folique (vitamine B9), essentiel pour la fabrication du matériel génétique, la formation des globules rouges et l'absorption des protéines.

Pour 6 personnes : 2 belles aubergines • 3 cuill. à soupe de tahiné (pâte de sésame) • Le jus de ½ citron • 2 cuill. à soupe d'huile d'olive • Quelques tomates confites • Sel, poivre et cumin • Menthe fraîche

- Préchauffez le four à 200 °C (th. 6-7).
- Piquez les aubergines à la fourchette et enfournez-les pour environ 25 minutes.
- Vérifiez la cuisson à l'aide d'un couteau pointu.
- Laissez-les refroidir un peu et prélevez la chair avec une cuillère (attention à ne pas racler la peau, qui peut donner un goût amer au plat).
- Faites égoutter la chair quelques minutes dans une petite passoire puis mettez-la dans un robot et ajoutez tous les autres ingrédients, sauf la menthe.
- Mixez jusqu'à obtention d'une purée plus ou moins épaisse.
- Laissez reposer au frais environ 1 heure.
- Servez avec un filet d'huile d'olive et saupoudrez de menthe hachée.
- Dégustez avec du pain pita complet.

VINAIGRETTE AU CHAMPAGNE

Facile • Rapide

Végétalien • Sans gluten *10 min*

» Une vinaigrette originale qui épatera les papilles de vos convives. Elle se marie parfaitement avec toutes les crudités.

Pour 3 salades : 1 cuill. à soupe de jus d'orange • 8 cuill. à soupe de champagne • 2 cuill. à soupe d'huile de colza • 1 grosse cuill. à soupe de moutarde • Sel, poivre blanc

- Délayez la moutarde dans un bol avec le champagne.
- Salez, poivrez et ajoutez l'huile en mélangeant, puis versez le jus d'orange.
- Conservez cette vinaigrette au frais.

TARTINES AUX ŒUFS DURS

Familial

Végétarien *20 min*

» Les œufs ne provoquent pas de problèmes de cholestérol (c'est un mythe très répandu) si vous en mangez sans exagération. C'est souvent ce que l'on sert avec les œufs, comme le bacon frit et autres pancakes, qui pose problème. Les œufs contiennent par ailleurs de la lutéine (en faible proportion, certes), très bonne pour la vue.

Pour 4 personnes : 4 œufs durs • 4 belles tranches de pain de campagne ou de baguette toastées • Huile d'olive • 1 cuill. à café de soyonnaise • Ail en poudre • Sel, poivre • Estragon ciselé

- Écalez et râpez grossièrement les œufs durs.
- Ajoutez 1 filet d'huile d'olive et la soyonnaise.
- Salez, poivrez et ajoutez de l'ail en poudre.
- Terminez par de l'estragon et mélangez bien.
- Étalez cette préparation sur les tartines de pain de campagne ou de baguette.

SAUMON FUMÉ EN SALADE VERTE

Facile • Rapide
Sans gluten
30 min

▸▸ Simple et rapide, voici une recette minceur pour les jours où vous n'avez pas le temps de cuisiner !

Pour 6 personnes : 1 sachet de laitue • 4 tranches de saumon fumé • 50 g de courgette • 50 g de radis • Persil haché • 2 cuill. à soupe de soyonnaise • Huile de colza, vinaigre balsamique • Sel, poivre

- Mettez la laitue dans un saladier.
- Rincez et tranchez finement la courgette et les radis.
- Ajoutez-les à la laitue.
- Coupez les tranches de saumon aux ciseaux au-dessus du saladier.
- Préparez la vinaigrette avec la soyonnaise, de l'huile de colza, du vinaigre balsamique, du sel et du poivre.
- Versez-la sur la salade.
- Parsemez de persil haché et dégustez sans plus attendre.

CONCOMBRE À L'ANETH

Rapide
Végétalien • Cru • Sans gluten
20 min

▸▸ Le concombre est l'ami de notre ligne. Avec une teneur en eau de 96 %, il est donc très peu calorique, mais il est riche en potassium. De plus, tout comme le citron, c'est un aliment alcalinisant.

Pour 2 personnes : 1 concombre • Vinaigre de cidre • 2 cuill. à soupe d'huile de colza • 2 cuill. à café d'aneth ciselé • Fleur de sel, poivre

- Rincez et tranchez finement le concombre, avec sa peau, au-dessus d'un saladier.
- Assaisonnez d'huile, de vinaigre, de fleur de sel et de poivre.
- Ajoutez l'aneth et mélangez bien avant de servir.

TIMBALE DE RIZ, CREVETTES ET CHAMPAGNE

Facile

Sans gluten

35 min

» La crevette est riche en zinc (propriétés antioxydantes), en cuivre (solidité des os), mais aussi en vitamines du groupe B. Attention, en revanche, même si elle n'est pas très calorique et peu riche en graisses, elle a trop souvent tendance à attirer beurre, mayonnaise, crème…

Pour 4 personnes : Riz préparé à l'avance (voir notre recette de Riz aux petits légumes, p. 160) • 500 g de crevettes • 1 cuill. à soupe d'huile d'olive • Environ 12 cl de champagne • ½ cuill. à café d'ail en poudre • Sel, poivre, paprika

- Faites revenir les crevettes à feu vif dans une poêle avec l'huile d'olive.
- Salez, poivrez et saupoudrez de paprika.
- Ajoutez le champagne jusqu'à mi-hauteur.
- Remuez en raclant les sucs de cuisson.
- Servez avec le riz réchauffé à feu doux.
- Dégustez sans plus tarder car les crevettes ne supportent pas d'être réchauffées.

THON ROUGE CRU SUR LIT DE CÉLERI

Facile • Rapide

Cru • Sans gluten

10 min

» Un petit goût asiatique avec cette délicieuse recette de thon cru, poisson peu gras mais très riche en oméga-3 et 6.

Pour 4 personnes : 600 g de thon rouge cru pour sushis (très frais) • Sel, poivre • 12 branches de céleri • Sauce soja

- Coupez le pavé de thon en petits rectangles assez fins (1 cm sur 2).
- Dressez-les sur les assiettes, salez et poivrez.
- Recouvrez d'un filet de sauce soja.
- Placez à côté quelques branches de céleri, que vous pouvez également arroser d'un filet de sauce soja.
- Il ne vous reste plus qu'à déguster.

FRICHTI DE LA MER

Facile • Familial

30 min

Les calmars se déclinent dans de nombreuses recettes, car ils sont riches en sélénium et en phosphore. Seul bémol, ils sont aussi très riches en sodium... Attention donc pour ceux et celles qui suivent un régime sans sel.

Pour 4 personnes : 500 g de crevettes • 500 g de calmars détaillés en rondelles • 250 g de riz précuit 10 minutes • 1 verre de vin blanc • 1 verre de bouillon de poule ou de poisson • 1 boîte de petits pois-carottes en conserve (ou surgelés, pour la couleur) • Sel, poivre et safran • 3 cuill. à soupe d'huile d'olive

- Faites chauffer l'huile d'olive dans une sauteuse.
- Ajoutez les crevettes et saisissez-les pour qu'elles prennent une jolie couleur. Réservez.
- Saisissez les calmars dans la même sauteuse sans les faire cuire complètement.
- Ajoutez les crevettes, puis le riz.
- Mouillez avec le vin blanc et le bouillon.
- Poivrez et salez si nécessaire, poursuivez la cuisson quelques minutes.
- Vérifiez la cuisson des ingrédients : les calmars doivent rester tendres.
- Assaisonnez de safran en fin de cuisson et ajoutez les petits pois-carottes pour colorer votre préparation.

CREVETTES ET CHAMPIGNONS EN CROÛTE D'AIL

Sans gluten

1 h

Ces crevettes sont servies avec des asperges et des champignons sautés à l'ail. Une recette originale qui permet une fois de plus de profiter des bienfaits de la crevette. Bonne dégustation !

Pour 4 personnes : 1 botte d'asperges • 500 g de champignons • 600 g de crevettes roses • 5 gousses d'ail hachées • Ail en poudre • Le jus de 2 citrons • 3 cuill. à soupe d'huile d'olive • Fleur de sel, poivre

- Pelez les asperges et rincez-les. Lavez les champignons et coupez-les en fines lamelles.
- Séchez-les et mettez-les dans un large saladier.
- Salez, poivrez et ajoutez le jus de 1 citron et la moitié de l'ail haché et de l'huile d'olive.
- Mélangez délicatement et réservez.
- Mettez les crevettes dans un autre saladier et assaisonnez-les comme les légumes.
- Faites chauffer une poêle antiadhésive sur feu vif et faites griller successivement les champignons, les asperges et les crevettes.
- Ajoutez de l'ail en poudre pour former une croûte d'ail sur les légumes et les crevettes.
- Dressez le tout sur un plat avec un peu de riz complet et savourez bien chaud.

COQUILLES SAINT-JACQUES SAUTÉES À L'AIL

Facile

Sans gluten

15 min + 1 h de marinage

» La coquille Saint-Jacques n'est plus un aliment réservé aux plats de fête, et tant mieux, car ce petit mollusque est très pauvre en graisses et riche en cuivre (synthèse des protéines, fabrication des globules rouges...) : 20 g de noix de saint-jacques permettent de couvrir nos besoins journaliers.

Pour 4 personnes : 600 g de grosses noix de saint-jacques • 4 cuill. à soupe d'huile d'olive • 3 gousses d'ail • Thym • Ciboulette • Persil • Sel, poivre

- Épluchez l'ail et hachez-le avec les fines herbes.
- Mélangez les noix de saint-jacques dans un saladier avec l'huile d'olive, l'ail et les fines herbes hachés, du sel et du poivre.
- Couvrez et laissez mariner 1 bonne heure au réfrigérateur.
- Saisissez les saint-jacques sur les deux faces dans une poêle bien chaude.
- Lorsqu'elles sont bien dorées, faites-les cuire encore 3 à 4 minutes à feu doux.
- L'intérieur des noix doit rester légèrement translucide.
- Servez avec du quinoa et un filet d'huile d'olive.

THON GRILLÉ AU POIVRE

Facile

Sans gluten — *30 min*

▶▶ Le thon est une très bonne source de protéines d'excellente qualité… Il est ici préparé le plus simplement du monde : juste grillé avec du poivre. Miam !

Pour 1 personne : 1 pavé de thon • 1 poignée d'épinards • 1 petit ramequin de nouilles chinoises cuites (nouilles de riz) • 1 mélange de 3 poivres fraîchement moulus • Huile de colza • Sel

- Badigeonnez le pavé de thon d'huile au pinceau.
- Salez et poivrez copieusement si vous aimez.
- Faites griller le pavé 3 minutes de chaque côté, le temps de cuisson variant en fonction des goûts et de l'épaisseur.
- Faites revenir les épinards dans un peu d'huile.
- Déposez les nouilles bien chaudes sur une assiette creuse avec un peu de leur jus de cuisson.
- Posez dessus les épinards et terminez par le pavé de thon coupé en deux.
- Il ne vous reste plus qu'à vous régaler !

ŒUFS DURS AUX ŒUFS DE LOMPE ET DE SAUMON

Facile

Sans gluten — *30 min*

▶▶ Les œufs de lompe sont les moins gras des œufs de poisson, mais ils contiennent aussi des oméga-3 en bonne quantité.

Pour 4 personnes : 6 œufs durs • 1 petit pot d'œufs de lompe • 1 petit pot d'œufs de saumon • 8 tranches de saumon fumé • Crème fraîche épaisse allégée • Aneth ciselé finement • Sel, poivre

- Écalez les œufs puis coupez-les en deux.
- Disposez 3 demi-œufs sur chaque assiette et ajoutez 1 petite cuill. à café d'œufs de lompe.
- Garnissez de 2 tranches de saumon fumé et d'œufs de saumon.
- Ajoutez un peu de crème fraîche légèrement salée et poivrée, et de l'aneth.

LAPIN AU MIEL

Familial

Sans gluten

30 min + 4 h de marinage

Au même titre que toutes les autres viandes blanches (poulet, dinde, veau...), le lapin a l'avantage d'être peu calorique (120 à 160 kcal pour 100 g). Avec une proportion de lipides comprise entre 5 et 10 %, la viande de lapin, maigre, s'avère être une alliée idéale dans la lutte contre le cholestérol grâce à son apport non négligeable en oméga-3.

Pour 2 personnes : 2 belles cuisses de lapin • 2 cuill. à soupe d'huile d'olive • 1 cuill. à soupe de miel liquide • 1 oignon paille émincé • 5 cl de sauce soja • 5 cl de jus de citron • Sel, poivre

- Faites tiédir le miel dans une casserole.
- Ajoutez le jus de citron et la sauce soja.
- Mettez les cuisses de lapin dans un plat creux et versez cette marinade dessus.
- Couvrez de film plastique et laissez mariner toute l'après-midi au réfrigérateur. Égouttez les cuisses de lapin, en conservant la marinade, et faites-les dorer à la poêle dans l'huile d'olive, puis ajoutez l'oignon et la marinade. Salez et poivrez.
- Laissez cuire de 15 à 20 minutes sur feu doux, en retournant les cuisses régulièrement.
- Ajoutez un peu d'eau si besoin.
- Servez aussitôt avec des petits pois frais, une purée des pommes de terre ou des pâtes complètes fraîches.

GRATIN DE BLETTES ET COURGETTES

Familial

Sans gluten

45 min

De la même famille que l'épinard, la blette existe sous plusieurs variétés. Blanche, rouge ou jaune, elle est riche en fibres et très peu calorique. Idéale pour se maintenir en forme, la blette est un légume très rafraîchissant, qui se marie très bien avec la courgette.

Pour 4 personnes : 1 kg de courgettes • 1 oignon émincé • 4 cuill. à soupe d'huile d'olive • 100 g de bacon de dinde découpé en dés • 500 g de côtes de blettes effilées et cuites à la vapeur • 3 gousses d'ail hachées • 60 g de parmesan • 3 œufs

- Hachez grossièrement les courgettes lavées mais non pelées.
- Mettez-les dans une passoire en 2 ou 3 couches, en saupoudrant de sel chaque couche.
- Laissez dégorger 30 minutes.
- Préchauffez le four à 175 °C (th. 6) et graissez un plat à gratin avec de l'huile d'olive.
- Faites chauffer 1 cuill. à soupe d'huile d'olive dans une poêle.
- Faites revenir le bacon puis ajoutez l'ail et l'oignon.
- Laissez cuire 15 minutes en mélangeant souvent.
- Pressez les courgettes entre vos mains pour éliminer un maximum d'eau et déposez-les dans un grand saladier.
- Ajoutez le contenu de la poêle et les blettes cuites, salez et poivrez.
- Parsemez de la moitié du parmesan, ajoutez les œufs battus en omelette et mélangez bien.
- Étalez cette préparation dans le plat à gratin et terminez par le reste de parmesan et 2 cuill. à soupe d'huile d'olive.
- Enfournez pour 30 minutes ou jusqu'à ce que le dessus du gratin soit bien doré.
- Servez dès la sortie du four.

POULET MARINÉ AU CITRON VERT ET PÂTES DE SARRASIN

Familial

Sarrasin • Sans gluten

1 h + 2 h de marinage

» Le marinage demande un peu de temps, mais quel délice quand le plat est prêt ! Le poulet, volaille amie des régimes (sans la peau, bien sûr), s'associe parfaitement au citron et au gingembre.

Pour 4 personnes : 4 blancs de poulet découpés en cubes • 3 citrons verts • 1,5 de cm de gingembre frais râpé • 6 cuill. à soupe de sucre roux • 10 feuilles de coriandre fraîche ciselées • 3 cuill. à soupe de

raisins secs réhydratés dans du thé noir • 4 cuill. à soupe de crème de riz • 4 cuill. à soupe d'amandes effilées grillées à sec, dont 1 pincée pour la décoration • 200 g de pâtes de sarrasin • 120 g de mâche • 25 g de beurre demi-sel breton • 2 cuill. à soupe d'huile d'olive

- Préparez la marinade dans un petit saladier en mélangeant le gingembre, le zeste râpé et le jus de 1 citron vert, la coriandre et 2 cuill. à soupe de sucre roux.
- Ajoutez les cubes de poulet et mélangez bien.
- Réservez au frais durant 2 heures, en remuant de temps en temps.
- Râpez le zeste des 2 autres citrons verts et pressez-les. Mettez zeste et jus de citron dans une petite casserole à fond épais.
- Ajoutez 4 cuill. à soupe de sucre roux et le beurre.
- Faites chauffer doucement, en remuant, jusqu'à épaississement.
- Puis, progressivement, ajoutez 2 cuill. à soupe de crème de riz, en veillant à ne pas faire de grumeaux. La crème obtenue doit être homogène et bien lisse. Réservez.
- Égouttez dans un chinois les cubes de poulet et les morceaux de gingembre. Réservez la marinade.
- Mélangez-les avec 2 cuill. à soupe de crème de riz et remuez pour bien enrober le poulet. (La crème de riz empêche les morceaux de se dessécher et préserve la tendreté de la viande lors de la cuisson.)
- Saisissez le poulet dans une sauteuse bien chaude avec l'huile d'olive. Si nécessaire déglacez légèrement avec un peu de marinade.
- Ajoutez les raisins égouttés, puis la crème au citron.
- Baissez le feu et laissez mijoter quelques minutes à couvert, puis ajoutez les amandes.
- Faites bouillir de l'eau salée pour les pâtes de sarrasin, en y ajoutant les morceaux de gingembre de la marinade.
- Faites cuire les pâtes 5 minutes.
- Présentez à l'assiette une portion de pâtes surmontée d'une portion de poulet au citron, saupoudrez de quelques amandes effilées grillées.
- Décorez de bouquets de mâche et servez.

CUISSES DE POULET À LA TOMATE

Familial

Sans gluten — *40 min*

Une recette classique qui permet de se titiller les papilles sans faire pencher la balance du mauvais côté. Le poulet étant une viande peu grasse, on ne prend aucun risque pour sa ligne avec cette recette.

Pour 4 personnes : 4 cuisses de poulet • 3 oignons paille pelés et émincés • 1 grosse boîte de tomates pelées • 1 gousse d'ail écrasée • Herbes de Provence • Sel, poivre • Huile d'olive

- Faites revenir les oignons dans 2 cuill. à soupe d'huile d'olive jusqu'à ce qu'ils soient translucides.
- Faites dorer les cuisses de poulet avec 1 cuill. à soupe d'huile d'olive dans une sauteuse.
- Ajoutez les oignons cuits, salez, poivrez et ajoutez des herbes de Provence, l'ail et les tomates pelées avec leur jus, puis mélangez.
- Complétez avec un peu d'eau si nécessaire.
- Laissez mijoter durant 15 à 20 minutes.
- Servez avec une petite portion de pâtes complètes.

STEAK DE VIANDE GRATINÉ AU STILTON

Familial

Sans gluten — *10 min*

Ce plat est riche en protéines, mais si vous vous limitez à la viande maigre (bœuf maigre ou même bison, par exemple), vous garderez votre taux de graisses saturées sous contrôle. Et, vous le savez, avec la Méthode Orsoni, on a le droit, voire le devoir, de se faire plaisir de temps en temps !

Pour 1 personne : ½ oignon jaune • 1 cuill. à soupe d'huile de canola • 5 petits morceaux de stilton (ou d'un autre fromage bleu) • 1 steak haché bio (de bœuf, de poulet ou de dinde)

- Pelez, hachez et faites dorer l'oignon dans l'huile de canola.
- Tassez-le dans un coin de la poêle et faites griller le steak haché, en le retournant 3 ou 4 fois durant la cuisson.

- Arrêtez la cuisson, posez le fromage sur le dessus de la galette de viande et couvrez la poêle pour conserver la chaleur afin que le fromage fonde.

PÂTÉ DE CANARD AUX PISTACHES ET FIGUES

Difficile

2 h 30
+ 48 h de réfrigération

» La chair de canard est riche en acides gras mono-insaturés (comme celle de l'oie), dont la composition se rapproche de celle de l'huile d'olive, ce qui lui confère des propriétés bénéfiques pour la santé. Une alimentation riche en graisses mono-insaturés permet en effet d'aider à prévenir les maladies cardio-vasculaires. Elle agit aussi sur la sécrétion d'insuline, ce qui est bénéfique aux personnes souffrant de diabète de type 2. À consommer tout de même avec modération, mais avec plaisir !

Pour 8 personnes : 2 magrets de canard • 250 g de veau haché maigre • 6 figues séchées • 80 g de pistaches non salées • 2 échalotes • 10 cl de cognac • 30 g de chapelure • 2 œufs • 30 g de margarine non hydrogénée • 1 pincée de quatre-épices • Sel, poivre

- Préchauffez le four à 150 °C (th. 5).
- Faites revenir les échalotes émincées dans la margarine.
- Éliminez la peau des magrets et coupez-les en morceaux.
- Hachez-les puis mettez-les dans un saladier.
- Ajoutez le veau, les échalotes, le cognac, les œufs, la chapelure, le quatre-épices, du sel et du poivre. Mélangez soigneusement.
- Ajoutez enfin les figues coupées en petits dés ainsi que les pistaches.
- Étalez la préparation dans une grande terrine.
- Mettez le couvercle de la terrine (ou couvrez d'aluminium ménager).
- Placez au bain-marie et enfournez pour 2 heures.
- Placez la terrine 48 heures au frais avant de la déguster et consommez-la dans les 4 jours.

CHILI VERDE AU PORC

Familial

Sans gluten

1 h 20

▶▶ Le tomatillo est un genre de physalis cultivé au Mexique et ressemble à une tomate verte ; il est à la base de la salsa (sauce) verte mexicaine. Le piment jalapeño est désormais présent partout dans le monde. Originaire du Mexique également, il peut être farci, conservé en sauce, au vinaigre ou séché. Le piment poblano est relativement gros et plutôt doux. Il est consommé frais ou séché. Pour cette recette, vous pouvez utiliser d'autres piments doux ou varier avec des poivrons.

Pour 10 personnes : 2 kg de porc maigre dans l'échine • 5 cl d'huile de colza • 2 gros oignons hachés • 6 gousses d'ail émincées • 1 cuill. à café de sel • sel, poivre • 1 cuill. à café de cumin • 4 piments poblanos frais, séchés ou marinés • 4 gros piments jalapeños séchés, frais ou marinés • 2 poivrons jaunes épépinés et coupés menus • 4 litres de bouillon de volaille ou de légumes • 1,3 kg de tomatillos • 1 bouquet de coriandre hachée

- Détaillez la viande de porc en gros cubes.
- Faites chauffer un peu d'huile dans une grande marmite et faites-y dorer la viande sur toutes les faces à feu vif. Égouttez et réservez.
- Jetez la graisse rendue et réduisez le feu, puis, dans la même marmite, faites chauffer 2 cuill. à soupe d'huile pour faire revenir les oignons et l'ail.
- Salez, poivrez et faites cuire jusqu'à ce que les oignons soient transparents.
- Remettez le porc. Ajoutez le cumin et le bouillon de volaille, puis laissez cuire pendant 30 minutes.
- Ajoutez les piments et les poivrons.
- Réduisez en purée les tomatillos et la coriandre au blender.
- Ajoutez-les à la marmite et poursuivez la cuisson durant 30 minutes encore. Servez ce plat avec du riz complet et des haricots blancs comme on le fait au Mexique, par exemple.

POT-AU-FEU

Difficile • Familial

Sans gluten

4 h 30

Considéré comme un plat traditionnel français, le pot-au-feu est à base de bœuf cuit lentement au bouillon avec des légumes. Autrefois, le pot-au-feu cuisait en continu dans les maisons, dans une grande marmite au-dessus du feu. On ajoutait des ingrédients au fur et en mesure que l'on se servait. La viande utilisée n'étant pas des plus maigres, servez-vous avec parcimonie, et appréciez chaque bouchée.

Pour 4 personnes : 500 g de viande de bœuf grasse • 500 g de bœuf maigre • 500 g de bœuf gélatineux (comme de la queue de bœuf) • 1 os à moelle enveloppé dans une mousseline pour éviter que la moelle ne se répande • 4 poireaux • 4 carottes • 1 branche de céleri • 2 oignons • 1 gousse d'ail • 1 bouquet garni (persil, thym, laurier) • 2 clous de girofle • Gros sel • Poivre noir en grains

- Ficelez tous les morceaux de viande bien serré.
- Lavez tous les légumes, pelez les carottes, fendez les poireaux en deux.
- Pelez la gousse d'ail et retirez le germe.
- Pelez les oignons et piquez-en un avec les clous de girofle.
- Émincez le second et faites-le dorer dans une poêle antiadhésive sans matière grasse.
- Mettez l'os à moelle et les morceaux de viande dans un grand faitout, mouillez avec environ 5 litres d'eau et ajoutez du gros sel.
- Portez le tout à ébullition, en écumant régulièrement.
- Lorsqu'il n'y a plus d'écume, ajoutez tous les légumes, les oignons, l'ail, le bouquet garni et du poivre en grains.
- Attendez la reprise de l'ébullition, puis poursuivez la cuisson à feu doux et à couvert 3 à 4 heures, pour que la viande soit bien tendre.
- Retirez le bouquet garni et l'oignon piqué de clous de girofle, disposez les morceaux de viande et les légumes dans un grand plat et servez accompagné de cornichons et de moutarde.

CARRÉ DE BICHE GRILLÉ AUX DEUX POMMES

Sans gluten

45 min

On en parle peu, car la biche est une viande assez coûteuse, réservée aux jours de fête. Cette viande maigre se marie bien avec la douceur et le sucré des pommes.

Pour 4 personnes : 1 carré de biche comprenant 8 côtelettes • Réduction de vinaigre balsamique • 2 pommes • 16 petites pommes de terre de Noirmoutier ou grenailles • Margarine non hydrogénée • Huile de colza • Fleur de sel • Sel, poivre

- Faites cuire les pommes de terre dans une sauteuse avec de l'huile de colza, un peu de margarine non hydrogénée et de la fleur de sel pendant 30 minutes ou jusqu'à ce que vous puissiez y enfoncer facilement la pointe d'un couteau.
- Faites cuire les côtes de biche 8 minutes environ de chaque côté dans 2 cuill. à soupe d'huile, salez et poivrez.
- Badigeonnez les côtes de réduction balsamique et laissez reposer à couvert.
- Pelez et tranchez les pommes, puis faites-les revenir à la poêle avec un peu de margarine non hydrogénée pendant 5 minutes.
- Présentez quelques tranches de pomme, 2 côtes de biche et quelques pommes de terre sautées sur chaque assiette et servez immédiatement.

POULET À LA CANNELLE ET AUX AMANDES EFFILÉES

Facile • Rapide

Sans gluten

30 min

Le poulet en version sucrée-salée, à laquelle cette viande se prête bien. Dégustez-le donc avec un peu de cannelle et des amandes.

Pour 4 personnes : 500 g de blanc de poulet en morceaux • 20 cl de crème fraîche allégée liquide • 2 gros oignons • 50 g d'amandes effilées • ½ cuill. à café de cannelle • 2 branches de thym • Sel, poivre • Huile d'olive • Bouillon de poule ou de légumes (facultatif)

- Émincez les oignons et faites-les revenir dans une sauteuse avec 1 filet d'huile d'olive.
- Ajoutez les morceaux de poulet, le thym, du sel et du poivre, couvrez et laissez mijoter 15 minutes.
- Si nécessaire, mouillez avec un peu de bouillon de poule ou de légumes.
- Lorsque le poulet est cuit, mettez sur feu doux et versez la crème fraîche légère.
- Ajoutez la cannelle et les amandes effilées et laissez mijoter encore 2 à 3 minutes, juste le temps nécessaire pour que la crème épaississe.
- Vous pouvez servir !

CROZETS AU JAMBON BLANC

Facile • Familial

35 min

Les crozets sont une variété de pâtes des pays de Savoie, certains ayant une forme rappelant la croix de Savoie, l'emblème de cette région montagneuse. L'ingrédient principal est traditionnellement la farine de sarrasin, ou blé noir, qui poussait facilement dans les vallées alpines, mais les crozets sont également fabriqués à base de farine de blé dur. Dans les deux cas, une cuisson al dente permet d'obtenir un indice glycémique moyen à bas. Chaque vallée a adopté des formes, des saveurs et des recettes originales accompagnées de légumes de saison. Un de mes petits plats préférés en hiver.

Pour 4 personnes : 300 g de crozets • 1 oignon • 15 cl de crème fraîche allégée • 1 talon de jambon blanc • Sel, poivre • Margarine non hydrogénée

- Faites cuire les crozets al dente dans 3 litres d'eau bouillante salée pendant 20 minutes, puis égouttez-les.
- Pendant ce temps, faites revenir l'oignon dans une sauteuse avec un peu de margarine non hydrogénée.
- Quand l'oignon est translucide, ajoutez le jambon détaillé en petits dés.
- Versez les crozets dans la sauteuse, ajoutez la crème fraîche, mélangez et servez de suite.

STABILISATION

POULET SHAWARMA

Sans gluten

1 h
+ 8 h de marinage

» Cette recette est souvent accompagnée de crudités : oignon finement tranché, tomates, concombre et persil plat haché…

Pour 4 personnes : 750 g de cuisses de poulet désossées (ou de blancs) • 250 g de yaourt nature à 0 % • 6 cl de vinaigre de cidre • 2 gousses d'ail hachées • 1 cuill. à café de poivre noir • ½ cuill. à café de sel • 2 gousses de cardamome • 1 cuill. à café de poivre de la Jamaïque (ou poivre noir classique) • Le jus de 1 citron • Huile d'olive • ***Pour la sauce du poulet :*** **100 g de tahiné (pâte de sésame) • 2 gousses d'ail écrasées • 15 cl de jus de citron • 4 cuill. à soupe de yaourt à 0 %**

- Versez le yaourt et le vinaigre dans un grand saladier.
- Ajoutez l'ail haché, les 2 poivres, la cardamome, le sel et le jus de citron. Mélangez bien puis plongez les morceaux de poulet dans cette marinade. (Si elle vous paraît un peu épaisse, vous pouvez la délayer avec 1 cuill. à soupe d'huile d'olive.)
- Mélangez soigneusement, couvrez et conservez au frais durant 8 heures minimum ou toute une nuit.
- Mettez 2 cuill. à soupe d'huile d'olive dans une large marmite et faites revenir le poulet bien mariné pendant 2 minutes, puis réduisez le feu à moyen-doux. Ajoutez la marinade et poursuivez la cuisson pendant 45 minutes. Vérifiez la cuisson avec la pointe d'un couteau.
- Si le poulet dessèche, ajoutez un peu d'eau durant la cuisson.
- Pendant ce temps, préparez la sauce pour accompagner le poulet en mélangeant tous les ingrédients ; réservez.
- Coupez le poulet en fines tranches et servez-le avec sa sauce.

TAJINE POULET ET CITRON CONFIT

Familial

Sans gluten

1 h

Découvrez l'originalité d'un tajine au citron confit. Servez ce plat avec des pommes de terre vapeur ou un peu de semoule complète.

Pour 3 personnes : 3 cuisses de poulet • 2 oignons • 2 gousses d'ail • ½ cuill. à café de gingembre • ½ cuill. à café de paprika • ½ cuill. à café de cumin • 2 cuill. à soupe d'huile d'olive • 1 citron confit • ½ bouquet de coriandre finement ciselée • 1 pincée de safran • 1 quinzaine d'olives vertes dénoyautées • Le jus de ½ citron • Sel, poivre

- Mettez les cuisses de poulet dans une marmite avec le safran, du poivre, le gingembre, les oignons hachés, l'ail écrasé, le jus de citron et du sel.
- Faites revenir à feu doux en remuant quelques minutes.
- Mouillez avec 2 grands verres d'eau et ajoutez l'huile d'olive.
- Couvrez et laissez cuire à feu moyen, en remuant de temps en temps, environ 30 minutes.
- Vérifiez la cuisson avec la pointe d'un couteau et prolongez le temps de cuisson si nécessaire.
- Lorsque le poulet est bien cuit, retirez-le de la marmite et réservez.
- Ajoutez le paprika, le cumin et la coriandre.
- Laissez réduire la sauce, ajoutez la moitié du citron confit coupé en lamelles et les olives.
- Laissez mijoter 5 minutes afin que la sauce épaississe.
- Déposez les cuisses dans un plat à four.
- Faites-les dorer.
- Disposez les cuisses dorées dans un plat à tajine.
- Arrosez-les de sauce et décorez de tranches de citron confit.
- Servez bien chaud.

ROULÉS DE JAMBON À LA MACÉDOINE

Facile • Familial

Sans gluten

15 min

▶▶ Un grand classique servi aux enfants pour leur faire manger des légumes dissimulés dans le jambon ! Ici, nous remplaçons la mayonnaise par de la soyonnaise, pour une version plus légère.

Pour 4 personnes : 4 tranches de jambon blanc • 400 g de macédoine en boîte au naturel égouttée • 4 cuill. à soupe de soyonnaise • Sel, poivre

- Versez la macédoine soigneusement égouttée dans un saladier.
- Ajoutez la soyonnaise, du sel et du poivre, puis mélangez bien.
- Déposez 1 tranche de jambon sur chaque assiette et garnissez-les d'un peu de macédoine.
- Roulez soigneusement les tranches sur elles-mêmes, en évitant que la garniture ne s'échappe.
- Réfrigérez jusqu'au moment de déguster.

TERRINE DE PORC AUX FRUITS

Difficile

Sans gluten

1 h 45
+ 12 h de réfrigération

▶▶ Voici une recette gourmande que votre coach adore. Préparez vous-même votre terrine de porc aux fruits, vous verrez, vous n'en trouverez pas de meilleure dans le commerce !

Pour 8 personnes : 1,5 kg d'épaule de porc • 1 belle poire • 1 pomme • 3 cuill. à soupe d'armagnac • 20 baies de genièvre • 12 brins de persil plat • 2 feuilles de laurier • 2 œufs • 2 cuill. à soupe de tapioca en poudre • 1 cuill. à soupe de poivre noir en poudre • Sel

- Préchauffez le four à 180 °C (th. 6).
- Hachez au robot 900 g de viande et la poire pelée et épépinée.
- Coupez le reste de viande en petits morceaux.
- Mettez le tout dans un saladier.

- Ajoutez les baies de genièvre écrasées, l'armagnac, le tapioca, la pomme coupée en petits dés, le persil ciselé finement et les œufs.
- Mélangez bien puis poivrez fort et salez.
- Emplissez une terrine avec un couvercle d'au moins 1,5 litre.
- Disposez les feuilles de laurier au-dessus. Fermez la terrine et enfournez pour 1 h 15.
- Au terme de la cuisson, laissez refroidir la terrine avant de la mettre au frais.
- Dégustez-la le lendemain, accompagnée d'une petite salade verte.

RISOTTO DE DINDE

Rapide • Familial

Sans gluten

30 min

Plat traditionnel du nord de l'Italie, le risotto est le résultat de la cuisson du riz dans un bouillon avec divers légumes. Ici, nous y ajoutons du jambon et de la dinde pour en faire un plat complet.

Pour 2 personnes : 300 g de filet de dinde • 200 g de riz rond arborio • 5 cl de vin blanc • 500 g de champignons de Paris ou tout autre champignon frais de votre choix (ou des champignons de Paris en conserve) • 2 tranches de jambon blanc • 1 cube de bouillon de légumes • Persil ciselé • Sel, poivre

- Émincez les filets de dinde et faites-les cuire dans une poêle antiadhésive.
- Faites cuire le riz dans le bouillon de légumes dans une sauteuse jusqu'à évaporation complète du liquide. Ajoutez le vin blanc, le jambon émincé et la dinde, salez et poivrez.
- Laissez mijoter quelques minutes.
- Dégustez bien chaud en ayant pris soin de mettre le persil ciselé en décoration.

BLANC DE VOLAILLE À LA LIBANAISE

Facile

Sans gluten

30 min
+ 12 h de marinage

Accompagnez cette recette d'un taboulé libanais de concombre, tomate, citron et persil plat. Un vrai régal !

Pour 6 personnes : 1 kg de blanc de volaille • *Pour la marinade :* Le jus de 2 citrons • 1 citron vert coupé en dés • 4 gousses d'ail hachées finement • 3 cuill. à soupe d'huile d'olive • 1 cuill. à café de thym • ½ cuill. à café de piment • 1 cuill. à café de cannelle • 1 cuill. à café de sumac • 1 dose de safran • Sel

- Mélangez tous les ingrédients de la marinade, ajoutez le poulet et laissez-le mariner 12 heures.
- Préchauffez le four à 200 °C (th. 6-7). Étalez la viande avec la marinade dans un grand plat à gratin.
- Enfournez pour 30 minutes. Si la viande dore trop pendant la cuisson, vous pouvez couvrir le plat d'aluminium ménager.

DIP D'AUBERGINES ET POIS CHICHES

Facile • Rapide

Végétalien • Sans gluten — *40 min*

Vous le savez, l'hummus est une des bases de mon approche minceur. Avoir toujours un peu d'hummus dans son réfrigérateur, c'est l'assurance de ne pas craquer sur les mauvaises choses lorsqu'une fringale se fait sentir. Mais comme j'aime le changement et me lasse vite, je suis toujours à la recherche de nouvelles recettes. Voici une variante de mon hummus de base, cette fois-ci avec des aubergines.

Pour 6 personnes : 3 petites aubergines • 1 boîte de pois chiches (250 g) rincés et égouttés • 2 gousses d'ail • 1 cuill. à soupe d'huile d'olive • 1 cuill. à soupe de coriandre • Sel, poivre

- Faites cuire les aubergines au four 20 minutes à 180 °C (th. 6).
- Laissez-les refroidir quelques minutes et raclez la chair puis mettez-la à égoutter dans une petite passoire pendant 15 minutes. (Veillez à ne pas racler la peau, qui donnerait un goût amer au dip.)
- Mettez les pois chiches, la pulpe des aubergines, l'ail et la coriandre dans un mixeur.
- Hachez par petites impulsions jusqu'à obtenir une purée lisse et un peu épaisse.
- Ajoutez du sel, du poivre et l'huile d'olive.
- Mixez à nouveau et transférez dans un ramequin.
- Conservez au frais jusqu'au moment de servir.

STABILISATION

BURGERS VÉGÉTARIENS N° 2

Familial

Végétalien • Sans gluten — *1 h 30*

Un burger végétarien à griller au barbecue ou à faire revenir à la poêle. Excellent avec une petite portion de riz complet et une salade verte, puis un bon fruit bien juteux.

Pour 1 personne : 100 g de carottes râpées • 100 g de céleri-rave râpé • 100 g de soja en tige germée ou d'hummus • 2 cuill. à soupe

de farine (de maïs, de riz, de pois chiches ou de châtaigne) ou de fécule de pomme de terre • 100 g de courgette râpée • 1 petit oignon (ou 1 échalote) haché menu • Persil ciselé • Ciboulette ciselée • 1 pointe de couteau de curry • 1 cuill. à café de vinaigre balsamique • 1 cuill. à soupe d'huile d'olive

- Combinez tous les ingrédients dans un saladier puis mélangez longuement.
- Faites des tas de cette préparation et aplatissez-les en galettes sur une feuille de papier cuisson.
- Faites-les sécher au four pendant 1 heure environ, à 100 °C (th. 3). Vos burgers sont prêts lorsqu'ils « se tiennent » quand vous essayez de les soulever avec une spatule.
- Faites-les dorer dans une poêle antiadhésive.
- Ces burgers se conservent au réfrigérateur, mais vous pouvez aussi congeler le surplus.

GALETTES DE BLÉ NOIR AUX POIREAUX

Végétalien • Sarrasin • Sans gluten

35 min + 2 h de repos pour la pâte

La galette de sarrasin n'a pas fini de vous surprendre : voici une autre variante salée, à base de poireaux.

Pour 4 personnes. ***Pour la pâte :*** **300 g de farine de sarrasin • 30 cl de lait demi-écrémé ou végétal • 1 œuf • Sel, poivre •** ***Pour la garniture :*** **4 petits poireaux coupés en tronçons de 2 cm • 120 g de cantal râpé • 25 cl de béchamel au sarrasin épaisse**

- Tamisez la farine de sarrasin.
- Ajoutez l'œuf battu.
- Ajoutez progressivement le lait puis 40 cl d'eau, en remuant au fouet. Salez puis poivrez. (La pâte est un peu plus épaisse qu'une pâte à crêpes classique, c'est normal.)
- Laissez reposer la pâte 1 à 2 heures.
- Faites cuire les poireaux au cuit-vapeur 20 à 25 minutes.
- Préchauffez le four à 200 °C (th. 6-7).

- Faites cuire 4 galettes de sarrasin.
- Parsemez chacune de 30 g de cantal râpé. Garnissez avec le quart des poireaux, puis ajoutez 2 cuill. à soupe de béchamel.
- Rabattez les quatre côtés vers le centre, comme une enveloppe, pour fermer les galettes.
- Mettez les 4 galettes dans un plat à gratin. Enfournez pendant 3 à 5 minutes.
- Servez chaud.

FALAFELS

Familial

Végétalien

3 h + 24 h de trempage

Les falafels sont des boulettes frites de fèves sèches et de pois chiches. Ils peuvent constituer un repas ou être servis en hors-d'œuvre. Ils se servent saupoudrés de persil haché et accompagnés de petits raviers de radis au vinaigre, de tomates coupées en petits dés, d'une sauce à la crème de sésame avec du citron, de sel et d'une gousse d'ail écrasée. Attention, les falafels, bien que riches en vitamines et en fibres, contiennent une quantité non négligeable d'huile. On se limitera donc à 4 falafels par personne.

Pour 4 personnes : 3 cuill. à soupe de farine complète • 1 bouquet de persil haché • 50 cl de fèves sèches épluchées • 50 cl de pois chiches • Huile d'arachide pour friture • Épices à falafels • 7 gousses d'ail • 1 cuill. à café de paprika ou de poivre rouge • 1 cuill. à soupe de cumin • 1 oignon finement haché • 1 bouquet de coriandre ou ½ botte de menthe fraîche • Sel, poivre • 1 cuill. à soupe de bicarbonate de soude

- Lavez les fèves et les pois chiches à l'eau froide et laissez-les tremper 12 à 24 heures à température ambiante.
- Égouttez-les.
- Mettez les fèves et les pois chiches dans une marmite avec 1 cuill. à soupe de bicarbonate de soude.
- Recouvrez d'eau complètement et salez.
- Portez à ébullition, puis réduisez le feu et laissez mijoter jusqu'à ce que les légumes secs soient tendres (environ 2 heures).

- Égouttez et passez les fèves et les pois chiches, le persil, l'oignon et l'ail au moulin à légumes afin d'obtenir une consistance pâteuse. Ajoutez le cumin et la coriandre ciselée.
- Pétrissez cette pâte avec du sel, du poivre, la farine, les épices à falafels et le paprika.
- Laissez reposer au moins 1 heure.
- Façonnez de petites boulettes de pâte et faites-les frire dans l'huile 2 minutes environ de chaque côté, ou jusqu'à ce qu'elles prennent une couleur un peu dorée.
- Déposez les falafels sur du papier absorbant, épongez bien l'huile, et dégustez.

POÊLÉE DE JEUNES FÈVES

Rapide

Végétalien • Sans gluten — *30 min*

» **La fève est l'une des plus vieilles plantes cultivées, et cela depuis la préhistoire. Elle contient des vitamines A, B et E ainsi que des sels minéraux comme le calcium, le cuivre, le fer, le magnésium et le potassium.**

Pour 4 personnes : 400 g de fèves fraîches jeunes et tendres • 100 g de pointes d'asperges fraîches ou surgelées • 1 poivron rouge coupé en petits dés • 100 g de petits pois • 2 oignons verts coupés en petits tronçons • 1 oignon jaune émincé • 3 tomates détaillées en dés • 2 cuill. à soupe d'huile d'olive • Sel, poivre

- Versez l'huile d'olive dans une sauteuse, et faites revenir l'oignon jaune jusqu'à ce qu'il soit translucide.
- Ajoutez le poivron, les tomates et les oignons verts.
- Remuez bien et laissez mijoter.
- Rincez les fèves et éboutez les cosses, mais conservez-les (seulement si ce sont des fèves jeunes et tendres, sinon, écossez-les). Coupez les cosses en petits tronçons, puis mettez-les dans la sauteuse.
- Salez, poivrez et remuez.
- À mi-cuisson, ajoutez les pointes d'asperges et les petits pois.
- Remuez et laissez cuire encore 10 minutes.
- Servez bien chaud.

GRATIN SARRASIN, AUBERGINE, MOZZARELLA

Facile • Familial

Végétalien • Sarrasin • Sans gluten — *40 min*

▶▶ Une nouvelle façon de cuisiner le sarrasin : en gratin. De l'aubergine pour son manganèse et sa vitamine B6, de la mozzarella pour le fondant, et le tour est joué.

Pour 2 personnes : 1 aubergine taillée en dés avec la peau • 1 carotte tranchée en rondelles • ½ mozzarella de bufflonne coupée en 5 tranches • 4 cuill. à soupe de flocons de sarrasin • Thym émietté • Basilic ciselé • 30 ml de bouillon de légumes ou de volaille • Huile d'olive • Sel, poivre

- Faites cuire à la vapeur l'aubergine et la carotte.
- Faites gonfler les flocons de sarrasin dans un peu de bouillon chaud.
- Ajoutez les légumes cuits aux flocons de sarrasin.
- Mixez avec le thym et le basilic.
- Préchauffez le four à 180 °C (th. 6).
- Étalez la moitié de la préparation en une première couche dans un petit plat à gratin. Déposez 4 tranches de mozzarella dessus.
- Recouvrez d'une seconde couche de légumes.
- Coupez en petits dés la cinquième tranche de mozzarella.
- Arrosez le plat d'un filet d'huile d'olive et parsemez-le des dés de mozzarella.
- Enfournez pour 25 minutes et servez bien chaud.

TAGLIATELLES DE SARRASIN AU CHOU ROMANESCO

Facile

Végétalien • Sarrasin — *20 min*

▶▶ Comme son nom le laisse deviner, le chou romanesco vient de Rome. À mi-chemin entre le brocoli et le chou-fleur, ce petit légume doux et sucré est encore peu utilisé en France. Nous aurions pourtant tort de nous en passer tant il regorge de vitamines (A, E, C, B9) et d'oligoéléments qui permettent de lutter contre le vieillissement prématuré de nos cellules.

Pour 6 personnes : 1 chou romanesco détaillé en bouquets • 400 g de tagliatelles de sarrasin • 2 pommes de terre pelées • 50 g de beurre • 2 gousses d'ail hachées • 8 feuilles de sauge • 1 feuille de laurier • Sel, poivre • Parmesan râpé

- Faites cuire les pommes de terre à l'eau bouillante salée pendant 10 minutes.
- Ajoutez le chou et poursuivez la cuisson.
- Quand les bouquets de chou sont cuits, égouttez le tout.
- Pendant la cuisson du chou et des pommes de terre, faites cuire les pâtes dans un autre faitout suivant les indications portées sur l'emballage, puis égouttez-les.
- Faites revenir l'ail, la sauge et le laurier dans une sauteuse avec le beurre.
- Ajoutez le chou et les pommes de terre coupées en rondelles, puis les pâtes.
- Faites-les sauter quelques minutes, en mélangeant bien.
- Poivrez, parsemez de fromage râpé et servez bien chaud.

CHILI AU TOFU

Rapide

Végétalien • Sans gluten — *20 min*

Dérivé du soja, le tofu est perçu à juste titre comme un substitut idéal de la viande. Il constitue, en effet, une source de protéines d'excellente qualité nutritionnelle.

Pour 2 personnes : 1 boîte de haricots rouges • 1 boîte de tomates pelées • 200 g de tofu ferme • 1 poivron rouge et 1 poivron vert coupés en lamelles • 1 oignon émincé • 1 gousse d'ail écrasée • 1 cuill. à café de piment doux • 1 cuill. à café de cumin moulu • 3 cuill. à soupe d'huile d'olive • Sel, poivre

- Coupez le tofu en tout petits cubes.
- Faites chauffer l'huile dans une casserole, et faites-y revenir le tofu jusqu'à ce qu'il commence à dorer.
- Ajoutez l'oignon et l'ail, faites revenir quelques instants puis ajoutez les épices et les poivrons.

- Incorporez les tomates coupées en morceaux et leur jus.
- Faites cuire quelques minutes et, dès que les poivrons sont tendres, ajoutez les haricots, sans les égoutter. Salez et poivrez.
- Laissez mijoter en ajoutant un peu d'eau si nécessaire.
- Servez ce chili au tofu avec un peu de riz.

Conseil : pour donner une consistance plus « chili » à votre plat, émiettez les cubes de tofu cuits avant de poursuivre la recette. La consistance obtenue se rapprochera de celle de la viande hachée.

GÂTEAU D'AUBERGINES

Difficile • Familial

Végétalien • Sans gluten

30 min + 12 h de réfrigération

L'aubergine est une source de manganèse, un oligoélément fondamental. Il est essentiel à la récupération de l'énergie des aliments, puisqu'il favorise l'assimilation des graisses et des sucres. Le manganèse entre aussi dans le mécanisme de fabrication du collagène, une protéine fibreuse qui constitue les tissus conjonctifs. La peau de l'aubergine est comestible, il n'est donc pas nécessaire de l'enlever. De plus, c'est elle qui contient en grande quantité la plupart des antioxydants.

Pour 4 personnes : 2 aubergines • 3 courgettes • 2 poivrons rouges • 4 tomates • Sel poivre • 1 bouquet de basilic • Huile d'olive • Coulis de tomates fraîches • 1 gousse d'ail • Thym, laurier

- La veille de préférence, faites infuser le basilic et l'ail haché dans 15 cl d'huile d'olive.
- Faites griller les poivrons au four des deux côtés puis mettez-les dans un sac en plastique ou dans de l'aluminium ménager (pour pouvoir les peler facilement), laissez-les refroidir et pelez-les.
- Coupez les poivrons, les courgettes, les aubergines et les tomates pelées en tranches pas trop épaisses.
- Faites rissoler les tranches de poivron, de courgette, d'aubergine et de tomate dans une poêle avec de l'huile d'olive.
- Tapissez le fond d'un plat à bords hauts de tranches d'aubergine, ajoutez une couche de courgette, une de poivron et une de tomate.

- Arrosez d'huile au basilic, ajoutez du thym et du laurier. Salez et poivrez au fur et à mesure.
- Puis continuez par une couche d'aubergine, une de courgette, une de poivron, une de tomate, etc., jusqu'à épuisement des ingrédients.
- Posez une assiette sur le moule et un poids sur l'assiette pour comprimer la préparation.
- Laissez reposer au frais au moins 12 heures.
- Démoulez le gâteau et servez-le avec le coulis de tomates à part et le restant d'huile au basilic.

RIZ SAUVAGE AUX CŒURS DE PALMIER

Facile • Familial

Végétalien — *45 min*

Avec ses goûts exotiques, voici un vrai plat de « cuisine fusion » : du riz sauvage (qui n'est en fait pas du riz mais une graminée des Grandes Plaines américaines), du lait de coco, des épices et des cœurs de palmier. Vous pouvez remplacer les épices proposées par du curry pour un goût plus indien.

Pour 4 personnes : 200 g de riz sauvage (ou un mélange de riz sauvage et de riz blanc) • 1 gros oignon • 200 g de cœurs de palmier en boîte • 1 litre de bouillon de légumes • 2 cuill. à soupe d'huile de colza • Sel, poivre • 2 pincées de gingembre en poudre • 4 pincées de quatre-épices • 1 boîte de lait de coco allégé (environ 40 cl)

- Rincez et faites cuire le riz dans le bouillon selon les indications portées sur le paquet.
- Pendant ce temps-là, pelez et émincez l'oignon puis faites-le caraméliser à feu très doux dans l'huile de colza.
- Ajoutez les cœurs de palmier coupés en tranches et faites-les revenir à feu doux jusqu'à ce que le riz soit cuit.
- Ajoutez le riz puis le lait de noix de coco et mélangez, toujours à feu doux.
- Ajoutez les épices et faites réduire jusqu'à ce que le mélange ne soit plus liquide mais onctueux.
- Servez bien chaud.

GRATIN DE COURGETTES AUX FLOCONS DE SARRASIN

Facile • Familial

Végétalien • Sarrasin — *50 min*

» Une variante du gratin de flocons de sarrasin, cette fois à base de courgettes.

Pour 4 personnes : 4 courgettes bio non pelées coupées en tronçons • 3 cuill. à soupe de flocons de sarrasin • 1 oignon haché menu • 2 œufs • 50 g de fromage râpé • 2 cuill. à soupe d'huile d'olive • Sel, poivre

- Faites cuire les courgettes au cuit-vapeur.
- Écrasez-les avec l'oignon haché.
- Préchauffez le four à 200 °C (th. 6-7).
- Battez les œufs en omelette puis mélangez-les à l'écrasée de courgettes.
- Ajoutez les flocons de sarrasin.
- Huilez un plat à gratin et étalez-y le mélange. Parsemez de fromage râpé et arrosez d'huile d'olive.
- Enfournez pour 20 minutes.

VELOUTÉ DE BETTERAVES À LA FOURME

Facile • Rapide

Végétarien — *20 min*

» Malgré sa richesse en sucre bien connue, la betterave a un apport calorique moyennement élevé pour un légume : 40 kcal pour 100 g. Elle possède un pouvoir laxatif car elle est très riche en fibres douces et bien tolérées par les intestins, surtout si elle est cuite. La betterave est aussi gorgée de vitamines, d'antioxydants, de minéraux et d'oligoéléments. Elle est notamment très riche en potassium et renferme une quantité intéressante de calcium et de magnésium, ainsi que de nombreux micronutriments. Enfin, elle constitue une véritable aubaine contre la fatigue, la perte d'appétit et l'anémie grâce à sa teneur en vitamines B, et notamment en acide folique (B9). Peu présent dans l'alimentation, celui-ci est essentiel, surtout chez la femme enceinte. Mettre une portion de 100 g de betterave à son menu permet de couvrir presque un tiers des apports quotidiens recommandés.

Pour 4 personnes : 2 belles betteraves cuites • 2 cuill. à soupe d'huile de noix • 1 cuill. à soupe de vinaigre de noix • 1 cuill. à café de gingembre frais râpé • 8 cl de crème de soja • 5 à 10 cl de jus de carotte (ou d'eau fraîche) • 1 cuill. à café de jus de citron • 1 pointe de piment d'Espelette • 1 cuill. à soupe de coriandre ciselée • 1 poignée de graines d'alfalfa germées (ou de mâche) • 4 cerneaux de noix • 40 g de fourme d'Ambert ou de Montbrison • Sel

- Mixez les 2 betteraves coupées en morceaux au blender avec la crème de soja, le jus de citron, du sel, le piment, le gingembre, l'huile, la coriandre et le vinaigre de noix.
- Versez peu à peu le jus de carotte ou l'eau pour rendre la soupe plus ou moins liquide, selon votre goût.
- Répartissez dans 4 bols, décorez des graines d'alfalfa, des cerneaux de noix et de la fourme.
- Servez bien frais !

OMELETTE ROULÉE AU FROMAGE

Facile • Rapide • Familial

Végétalien • Sans gluten

15 min

Vous n'avez pas envie de cuisiner et rêvez d'un petit plat chaud facile et rapide à préparer ? Pour un dîner ou un déjeuner, voici notre recette d'omelette roulée au fromage. Accompagnez-la d'une salade de votre choix et optez pour un fruit en dessert. Un repas complet, rapide et sain !

Pour 2 personnes : 5 œufs • 30 g de margarine non hydrogénée • 50 g d'emmental ou de fromage de soja râpé • Sel, poivre du moulin

- Cassez les œufs un par un dans une jatte.
- Ajoutez 1 cuill. à soupe d'eau, salez, poivrez.
- Ajoutez le fromage et battez au fouet pour bien mélanger.
- Faites chauffer la margarine dans une poêle à feu moyen et versez la préparation.
- Soulevez les parties cuites du bord de la poêle à l'aide d'une spatule en bois et inclinez celle-ci pour faire couler la partie liquide du mélange vers les bords.
- Roulez l'omelette sur elle-même.

RIZ ROUGE AUX ASPERGES

Facile • Familial

40 min

» **L'asperge, surtout la verte, est un des légumes dont l'indice antioxydant est le plus élevé, après l'artichaut, et a donc un effet détox maximum. Un délice associée au goût subtil du riz rouge.**

Pour 4 personnes : 250 g de riz rouge (au rayon « commerce équitable » sous la marque Alter Éco) • 50 cl de bouillon de légumes • 16 asperges • 1 cuill. à soupe d'huile de colza

- Faites cuire le riz dans le bouillon de légumes.
- Égouttez-le si nécessaire et faites-le revenir dans une sauteuse avec l'huile de colza. Réservez.
- Faites cuire les asperges à la vapeur.
- Présentez le riz par portion dans des petits plats individuels creux, et disposez les asperges sur le dessus. Éventuellement, badigeonnez-les légèrement d'huile de colza et servez.

TOPINAMBOURS CARAMÉLISÉS

Facile • Rapide

Végétalien

15 min

» **Riche en potassium, calcium et phosphore, le topinambour est aussi très peu calorique. Un allié de la ligne donc, mais aussi de notre jeunesse puisqu'il permet de participer à l'apport journalier recommandé en bon nombre de minéraux.**

Pour 4 personnes : 500 g de topinambours • 100 g de margarine non hydrogénée • Ail en poudre • Ciboulette ciselée • Sel, poivre

- Pelez les topinambours et coupez-les en tranches fines.
- Faites chauffer la margarine dans une casserole.
- Mettez les topinambours à revenir et tournez souvent pour éviter qu'ils accrochent au fond. Salez, poivrez et saupoudrez d'ail.
- Couvrez et ajoutez de temps à autre un peu d'eau si nécessaire.
- Piquez les topinambours de la pointe du couteau pour vérifier la cuisson.
- Servez-les bien chauds, parsemés de ciboulette.

POÊLÉE DE POMMES DE TERRE ET CŒURS D'ARTICHAUT

Facile

Végétalien

1 h

Ce n'est plus un secret pour vous : l'artichaut est un allié de notre capital santé tant il est riche en vitamine B6, cuivre, magnésium, fer, fibres, antioxydants, inuline... Retrouvez-le poêlé avec des pommes de terre, pour changer des classiques cœurs d'artichaut en vinaigrette.

Pour 4 personnes : 4 pommes de terre rouges (ou nouvelles) • 200 g de petits pois frais ou congelés • 200 g de cœurs d'artichaut coupés en quatre • 6 brins de thym • 1 gros oignon émincé finement • 1 gousse d'ail • Fleur de sel • 1 litre de bouillon de légumes • 4 cuill. à soupe d'huile d'olive

- Faites caraméliser l'oignon dans 1 cuill. d'huile d'olive à feu doux.
- Pendant ce temps-là, faites précuire les pommes de terre avec leur peau dans de l'eau salée.
- Elles doivent rester fermes (et immangeables en l'état) au moment où vous les sortez de l'eau.
- Pelez-les et coupez-les en petits cubes.
- Ajoutez-les dans la poêle avec l'oignon caramélisé, et faites-les dorer en mélangeant très souvent.
- Ajoutez les cœurs d'artichaut et les petits pois.
- Versez le reste d'huile d'olive pour que les légumes continuent à dorer.
- Ajoutez l'ail, le thym et du sel (mais pas trop, le bouillon en contient déjà).
- Dès que le liquide s'est évaporé, mouillez avec un peu de bouillon.
- Il faut que les légumes restent moelleux sans jamais baigner dans le jus de cuisson.
- Mouillez aussi souvent que nécessaire.
- Arrêtez la cuisson dès que les pommes de terre sont tendres et servez bien chaud.

TARTE FINE TOMATES ET POMMES

Facile • Familial

Végétarien — *50 min*

» L'acidité de la tomate et la douceur de la pomme dans une tarte qui séduira toute la famille !

Pour 6 personnes : 1 pâte brisée • 4 tomates • 3 pommes • 1 poivron rouge • 1 gousse d'ail • Le jus de ½ citron • Quelques brins de thym • 3 cuill. à soupe d'huile d'olive • 1 cuill. à café de sucre en poudre • Sel, poivre • Beurre et farine pour le moule

- Étalez la pâte brisée dans un moule à tarte beurré et fariné.
- Piquez la pâte à la fourchette.
- Pelez les pommes, tranchez-les et arrosez-les de jus de citron.
- Rincez et tranchez les tomates.
- Détaillez le poivron en lamelles.
- Préchauffez le four à 180 °C (th. 6).
- Faites chauffer 1 cuill. à soupe d'huile d'olive et faites revenir le poivron avec la gousse d'ail écrasée durant 10 minutes.
- Couvrez le fond de tarte, en alternance, de tranches de tomate, de pomme et de poivron.
- Salez, poivrez, poudrez de sucre, parsemez de thym et versez le reste d'huile d'olive en filet.
- Enfournez pour 30 minutes, ou jusqu'à ce que la tarte soit bien dorée.
- Dégustez !

FRICASSÉE DE SOBA AU POIVRON, CHOU CHINOIS SAUCE SOJA AU MIEL DE SARRASIN

Rapide • Familial

Végétalien • Sarrasin • Sans gluten — *30 min*

» Voici une recette sucrée-salée qui met le sarrasin à l'honneur dans un plat gourmand au goût asiatique.

Pour 4 personnes : 200 g de pâtes de sarrasin ou soba • Bouillon de légumes • 1 poivron rouge épépiné et coupé en lamelles puis en dés •

200 g de pois gourmands effilés et coupés en deux • ½ chou chinois émincé • 1 oignon paille émincé • 1 gousse d'ail hachée menu • Gingembre • 2 cuill. à soupe de sauce soja mélangée à 1 cuill. à café de miel de sarrasin (ou toutes fleurs) • 1 cuill. à soupe d'huile d'olive

- Faites cuire les soba al dente dans le bouillon.
- Égouttez-le en gardant un peu de bouillon.
- Faites revenir l'oignon à l'huile d'olive 5 minutes dans une sauteuse.
- Ajoutez l'ail et, après 2 minutes, ajoutez les dés de poivron.
- Ajoutez les pois gourmands après 5 minutes de cuisson.
- Et enfin, le chou émincé avec un peu de bouillon.
- Quand le chou s'est bien affaissé dans la poêle, ajoutez les soba.
- Faites encore cuire 5 minutes et ajoutez le gingembre et la sauce soja au miel.
- Servez après encore 5 minutes de cuisson.

RIZ AUX PETITS LÉGUMES

Facile • Familial

20 min

Rapide et simple, cette recette de riz aux légumes séduira toute la famille !

Pour 4 personnes : 125 g de riz basmati • 125 g de riz sauvage • 1 jardinière de légumes surgelés (sans pommes de terre) • 50 g de tomates confites • Huile d'olive • 2 gousses d'ail hachées • Bouillon de légumes • Persil plat • Sel, poivre

- Faites cuire les 2 sortes de riz comme indiqué sur le paquet avec le bouillon de légumes.
- Égouttez puis réservez.
- Faites revenir l'ail à l'huile d'olive dans une sauteuse, et ajoutez la jardinière de légumes.
- Faites cuire les légumes jusqu'à ce qu'ils deviennent bien tendres mais pas complètement ramollis.
- Ajoutez les 2 riz et mélangez le tout.
- Pour finir, ajoutez les tomates confites coupées en petits morceaux.
- Parsemez d'un peu de persil plat ciselé.
- Servez sans plus tarder.

SMOOTHIE AU CHOCOLAT

Facile • Rapide • Familial

Végétalien • Sans gluten — *5 min*

» De temps en temps, j'aime sortir des sentiers battus et utiliser des produits un peu rares. S'il vous est difficile ou peu tentant de les acheter, pas de soucis, vous pouvez remplacer le chocolat cru par du chocolat en poudre à 80 %, et vous pouvez supprimer le maca en poudre et le camu camu.

Pour 1 personne : 25 cl de lait de chanvre (ou de lait d'amande maison) • 1 banane • ½ cuill. à café d'extrait de vanille • 1 cuill. à café de nectar d'agave ou 1 pincée de stevia • 1 cuill. à soupe de poudre de maca (en boutique bio/produits naturels) • 1 cuill. à café de poudre de camu camu (en boutique bio/produits naturels) • 1 cuill. à soupe de chocolat cru en poudre (ou de chocolat noir à 80 % en poudre)

- Mettez tous les ingrédients dans le blender.
- Versez ce smoothie dans un verre et dégustez-le rapidement.

ÉLIXIR D'ANTIOXYDANTS

Facile • Rapide

Végétalien • Cru • Sans gluten — *10 min*

» Idéale après un repas copieux, cette infusion améliorée très parfumée vous permettra de terminer le repas sur une note épicée sucrée, et également de faire le plein d'antioxydants !

Pour 1 personne : thé • 5 cl de jus de canneberge • 4 cl de jus de raisin • 8 litchis • 1 bâton de cannelle

- Faites infuser le thé avec le bâton de cannelle.
- Mixez les litchis épluchés et dénoyautés. Récupérez le jus.
- Mélangez les différents jus et 6 cl de thé avec le jus de litchi.
- Servez frais.

CRÈME BRÛLÉE AU THYM

Facile • Familial

Végétalien • Sans gluten — *20 min*

Réalisée avec de l'agar-agar et délicatement parfumée au thym, cette crème brûlée est légère et originale.

Pour 6 personnes : 60 cl de lait de soja (ou autre lait végétal) • 3 cuill. à soupe de sirop d'érable • 1 cuill. à soupe de sirop d'agave • 1 yaourt grec nature (ou un yaourt soja nature) • 2 brins de thym citron frais • 3 g d'agar-agar • Cassonade

- Placez le thym frais dans un sachet à thé et faites-le infuser dans le lait de soja bouillant le plus longtemps possible puis retirez-le.
- Mélangez le yaourt et les sirops dans un saladier.
- Diluez l'agar-agar dans un peu de lait de soja.
- Faites-le chauffer doucement et laissez frémir 30 secondes.
- Versez-en une partie sur le mélange yaourt-sirops. Ajoutez le lait restant. Mélangez au fouet.
- Versez la préparation dans des ramequins puis réservez au frais jusqu'au moment de servir.
- Saupoudrez d'un peu de cassonade puis mettez au four, mode gril, quelques minutes, ou caramélisez au chalumeau.
- Bon appétit !

SALADE DE FRUITS TROPICAUX

Facile • Rapide • Familial

Végétalien • Cru • Sans gluten — *30 min*

Partons en voyage sous les tropiques avec ces fruits riches en vitamine C et antioxydants. Un bon moyen de se rebooster !

Pour 4 personnes : 1 carambole bien jaune • 4 physalis • 2 kiwis • 1 banane • 1 grenade • 8 litchis • ½ ananas • Le jus de 1 citron • 1 cuill. à café d'extrait de vanille

- Épluchez la banane, l'ananas et les kiwis, et détaillez-les en morceaux pas trop petits.

- Déposez-les dans un saladier de taille moyenne.
- Rincez la carambole et tranchez-la puis ajoutez-la dans le saladier.
- Décortiquez la grenade et mettez les grains avec les autres fruits.
- Faites de même avec les litchis et les physalis.
- Arrosez du jus de citron et de l'extrait de vanille, et mélangez avant de servir.

COTTAGE CHEESE BANANE ET MIEL

Facile • Rapide • Familial

Sans gluten • Végétarien — *5 min*

J'adore le cottage cheese ! C'est un produit laitier tellement spécial qu'il n'y a même pas de traduction en français. L'avantage du cottage cheese, c'est que son index glycémique est très faible. C'est donc un produit idéal lorsque l'on souhaite mincir. La banane apporte du potassium pour vous aider à refaire le plein d'électrolytes perdus pendant l'effort. Bon appétit !

Pour 1 personne : 1 petit pot de cottage cheese à 0 % ou allégé (ou du fromage en faisselle) • 1 cuill. à soupe de miel liquide non filtré • 1 banane • Quelques baies pour faire joli

- Versez le cottage cheese dans un petit bol.
- Ajoutez la banane coupée en tranches, les baies et le miel liquide.
- Dégustez !

GÂTEAU MOELLEUX AU PAMPLEMOUSSE

Facile • Familial

Végétarien — *1 h*

Le pamplemousse représente une source d'antioxydants intéressante : vitamine C, provitamine A, flavonoïdes sont autant de principes actifs qui permettent d'éloigner le spectre de nombreuses maladies dégénératives, et donc le vieillissement prématuré. Un délicieux gâteau qui fond dans la bouche mais qui est assez riche, donc une petite part pour se faire plaisir, et on cache le reste pour ne pas être tentée.

Pour 6 personnes : 1 pamplemousse jaune non traité • 1 pamplemousse rose • 125 g de beurre ramolli • 115 g de farine • 150 g de sucre glace • 2 œufs • 2 cuill. à soupe de Mandarine impériale ou de Cointreau • ½ sachet de levure chimique

- Prélevez le zeste du pamplemousse jaune à l'économe et prélevez son jus. Blanchissez le zeste 2 fois 3 minutes dans 2 eaux différentes pour en ôter l'amertume. Hachez-le finement au couteau.
- Préchauffez le four à 180 °C (th. 6).
- Travaillez le beurre en pommade, puis ajoutez 100 g de sucre glace, les œufs, un à un, la farine, le jus de pamplemousse, son zeste et la levure.
- Travaillez la pâte, qui doit être onctueuse et sans grumeaux.
- Beurrez un moule à manqué de 22 cm et garnissez-le de pâte.
- Faites cuire le gâteau 35 minutes.
- Laissez-le tiédir quelques minutes et démoulez-le sur un plat légèrement creux.
- Pressez le pamplemousse rose et mélangez le jus au sucre glace restant et à la Mandarine impériale.
- Arrosez le gâteau encore tiède de ce jus sucré pour qu'il s'en imprègne.
- Parsemez-le de petits grains de pulpe de pamplemousse.

TIRAMISU À L'ANANAS SANS CUISSON

Difficile

Végétarien

45 min + 2 h de réfrigération

>> Si vous utilisez un ananas frais, il faudra préparer un sirop de sucre additionné de rhum pour tremper les biscuits.

Pour 8 personnes : 24 biscuits à la cuillère • 2 bombes de chantilly à base de soja ou de chantilly allégée • 1 ananas frais (ou 1 boîte d'ananas allégé en sucre) • 5 cuill. à soupe de rhum • 0,5 g d'agar-agar (ou de gélatine alimentaire) • Quelques cerises et tranches d'orange confites pour décorer

- Faites chauffer le rhum avec l'agar-agar et portez-le à ébullition pendant 30 secondes.
- Versez le liquide dans un pot ou un ramequin, et laissez-le refroidir.
- Épluchez l'ananas en recueillant le jus, coupez-le en tranches, réservez 3 ou 4 tranches et hachez grossièrement le reste.
- Mettez le jus de l'ananas dans une assiette creuse avec le rhum.
- Trempez-y légèrement les biscuits et garnissez-en un moule à manqué recouvert de film plastique pour un démoulage facile.
- Couvrez les biscuits d'une couche d'ananas haché puis d'une couche de crème Chantilly.
- Alternez les couches jusqu'à épuisement des ingrédients, en terminant par une couche de crème, sur laquelle vous poserez les tranches d'ananas réservées.
- Mettez au frais au moins 2 heures.
- Démoulez sur un plat de service. Décorez avec des cerises et des tranches d'orange confites.

SORBET POMMES « DE MON JARDIN »

Facile • Familial

Végétalien • Sans gluten

30 min + 12 h de congélation

Envie de fraîcheur ? Faites de vos pommes un sorbet… sans sorbetière.

Pour 4 personnes : 6 pommes golden de taille moyenne • Le jus de 2 citrons • 210 g de sucre

- Rincez les pommes, retirez les pépins et coupez-les en tranches.
- Arrosez-les de jus de citron et étalez-les sur une plaque allant au congélateur. Congelez-les durant 12 heures minimum.
- Préparez un sirop avec le sucre et 20 cl d'eau.
- Retirez-le du feu et laissez-le refroidir.
- Si vous avez un mixeur pouvant briser la glace, mixez la moitié des pommes congelées avec la moitié du sirop.
- Versez dans un bac à glace et faites de même avec le reste des ingrédients.
- Conservez ce sorbet au congélateur jusqu'au moment de servir.

SORBET ROSE

Facile • Familial

Végétalien • Cru • Sans gluten — *20 min + 24 h de congélation*

» Un sorbet pamplemousse et orange pour faire le plein de vitamine C. Très frais, idéal en été !

Pour 6 personnes : 3 pamplemousses roses • 3 oranges • 4 cuill. à soupe de sirop d'agave ou de miel

- Pelez les pamplemousses et les oranges.
- Retirez la peau pour ne conserver que la pulpe des fruits.
- Disposez la pulpe sur une plaque et mettez-la au congélateur durant 24 heures.
- Le lendemain, réduisez la pulpe congelée en purée avec le sirop d'agave, en plusieurs fois si nécessaire.
- Goûtez et ajoutez du sirop d'agave ou du miel si besoin est.
- Remettez au congélateur jusqu'au moment de servir.

LASSI SUCRÉ

Facile • Rapide

Végétalien • Sans gluten — *15 min*

» Le Lassi est une boisson très populaire en Inde, parfaite en accompagnement de plats épicés.

Pour 3 personnes : 250 g de yaourt allégé ou de soja (du kéfir nature peut aussi faire l'affaire) • 125 g de glaçons • 3 à 5 cuill. à café de sirop d'agave • 1 pincée de sel

- Réservez 3 cuill. à café de yaourt.
- Mettez le reste de yaourt, les glaçons, 12,5 cl d'eau, le sirop d'agave et le sel dans un blender, et mixez jusqu'à obtention d'une boisson mousseuse.
- Versez le lassi dans 3 grands verres et servez garni de 1 cuill. à café de yaourt avant de déguster.

VELOUTÉ DE FRAISES

Rapide

Végétarien • Cru • Sans gluten *15 min*

» Ce mélange vous procurera du calcium, de la vitamine C et d'autres antioxydants dont vous avez besoin. Une portion de 150 g de fraises fraîches couvre presque 100 % des apports journaliers recommandés en vitamine C ! Avec ce velouté, vous retrouverez tout votre dynamisme et vous régalerez vos invités.

Pour 4 personnes : 500 g de yaourt nature (au bifidus par exemple) • 400 g de fraises fraîches • 6 feuilles de menthe • 3 cuill. à soupe de stevia

- Lavez et coupez les fraises en morceaux.
- Mettez-les dans un mixeur avec le yaourt, les feuilles de menthe et la stevia. Mixez.
- Il ne vous reste plus qu'à servir et déguster !

COMPOTÉE DE BANANE ET NOIX DE COCO

Rapide

Végétarien • Sans gluten *30 min*

» Une compote pomme-banane que j'agrémente d'un peu de noix de coco râpée. Dé-li-cieux !

Pour 4 personnes : 10 petites pommes golden bio • 2 petites bananes bio bien mûres • 3 cuill. à soupe de noix de coco râpée non sucrée • Le jus de 1 citron • 1 cuill. à soupe de miel de thym (ou tout autre miel) • 1 gousse de vanille

- Pelez et coupez les pommes en morceaux.
- Mettez-les dans une casserole.
- Ajoutez la banane pelée en tranches, 1 verre d'eau et le jus de citron, la vanille fendue avec ses grains, la noix de coco et le miel, puis faites cuire à feu doux jusqu'à ce que les pommes soient bien tendres.
- Écrasez les fruits à la fourchette et servez tiède.

COMPOTÉE DE POMMES PAYSANNE

Facile • Familial

Végétalien • Sans gluten *45 min*

» Quand on sait comme il est simple de réaliser une compote de pommes goûteuse et surtout sans sucre ajouté, il serait dommage de s'en priver ! Au niveau du goût comme du budget, on est bien loin des compotes du commerce.

Pour 4 personnes : 1 kg de pommes golden • Le jus de 1 citron • 1 cuill. à café d'extrait de vanille • 1 cuill. à café d'extrait d'amande amère

- Pelez les pommes et coupez-les en morceaux.
- Déposez-les dans une casserole et arrosez de jus de citron, ajoutez les extraits de vanille et d'amande amère.
- Faites cuire jusqu'à ce que les morceaux ramollissent.
- Laissez refroidir quelques minutes, puis écrasez à la fourchette avant de savourer ce dessert simple et délicieux !
- Cette compote se conserve très bien au réfrigérateur pendant 3 à 4 jours.

POIRES SÉCHÉES

Facile

Végétalien • Cru • Sans gluten *15 min + 24 h de déshydratation*

» Pour cette recette, vous aurez besoin d'un déshydrateur. Grâce à sa basse température, le four déshydrateur permet de sécher les aliments sans les cuire et donc d'en conserver tous les bienfaits ! En plus d'être d'excellentes collations, les poires séchées peuvent vous permettre de parfumer un plat ou un dessert.

Pour 6 personnes : 3 poires bio

- Rincez et coupez les poires en tranches pas trop fines dans le sens de la longueur.
- Étalez-les sur une plaque de déshydratation.

- Enfournez-les dans le déshydrateur pour 12 heures à 40 °C.
- Retournez les tranches et remettez-les dans le déshydrateur pour 12 heures supplémentaires, toujours à la même température.
- Comme pour les oranges, dégustez ces tranches de poire en en-cas.

DÉFENSE

PETIT DÉJEUNER

APÉRITIF

ENTRÉES

VIANDES

POISSONS

▶▶ PLATS VÉGÉTARIENS

▶▶ DESSERTS

BOL DE LAIT DE SARRASIN AU CACAO VAN HOUTEN

Facile

Végétalien • Sarrasin — *10 min + 12 h de trempage*

▶▶ Une variante du lait chocolaté du matin : moins gras et moins sucré grâce au lait de sarrasin et au cacao Van Houten.

Pour 1 personne : 2 cuill. à soupe de cacao en poudre Van Houten • 4 cuill. à soupe de sarrasin décortiqué et trempé 12 heures • 1 pincée de stevia • 2 gouttes d'extrait de vanille bio

- Mettez 12,5 cl d'eau dans un blender.
- Ajoutez le sarrasin égoutté.
- Mixez pendant 1 minute environ.
- Ajoutez 12,5 cl d'eau et mixez de nouveau. Filtrez à travers un chinois très fin.
- Versez le mélange dans une casserole à fond épais et ajoutez la vanille.
- Délayez le cacao en poudre dans la casserole.
- Faites chauffer sur feu doux, en mélangeant de temps en temps avec une cuillère en bois pour ne pas que le lait accroche.
- Ajoutez la stevia et dégustez bien chaud.

GRANOLA CRU

Familial

Végétalien — *20 min + 12 h de trempage + 20 h de déshydratation*

▶▶ Mon petit déjeuner préféré, à base de dattes, d'amandes et de noix pour faire le plein de minéraux et d'oméga-3 et 6, si précieux pour notre santé. Le magnésium aide à se détendre et à limiter son niveau de stress, le potassium, le calcium et les acides gras essentiels sont bénéfiques pour la santé cardiaque et circulatoire. Sans compter la vitamine E, un antioxydant puissant qui améliore la qualité de la peau et du système immunitaire. Mais attention, encore une fois : mangez ce petit plaisir en quantité raisonnable, car les fruits oléagineux sont aussi connus pour être très caloriques !

Pour 7 petits déjeuners : 375 g d'amandes trempées 12 heures au moins • 125 g de graines de tournesol trempées 4 heures au moins • 125 g de graines de sarrasin trempées 8 heures au moins • 7 petites pommes • 7 grosses dattes • 125 g de myrtilles séchées ou autres baies séchées • 125 g de poudre de noix de coco • 125 g de nectar d'agave • 1 cuill. à café d'extrait de vanille • 2 cuill. à café de cannelle • ½ cuill. à café de fleur de sel

- Égouttez les amandes, les graines de tournesol et les graines de sarrasin.
- Mettez les dattes dénoyautées dans le bol de votre robot et réduisez-les en purée.
- Râpez les pommes et ajoutez-les à la purée de dattes. Mélangez bien.
- Ajoutez le reste des ingrédients. Mélangez à nouveau.
- Étalez des feuilles de Teflex sur les grilles de votre déshydrateur.
- Répartissez la préparation de granola en couche de 0,5 cm.
- Enfournez vos plateaux et déshydratez pendant 12 heures à 40 °C.
- Retournez le granola et placez-le directement sur les grilles (retirez les feuilles de Teflex), et déshydratez à nouveau 6 à 8 heures selon le degré de croustillance recherché.
- Émiettez le granola et dégustez-le avec du lait d'amande et des baies fraîches pour un petit déjeuner riche en vitamines.

Vous pouvez conserver ce granola dans un bocal ou une boîte à biscuits hermétique plusieurs jours.

SLUSHY AUX MYRTILLES

Facile • Rapide

Végétalien • Cru • Sans gluten — *10 min*

Slushy, terme qui évoque la neige fondue, est le nom américain de cette spécialité. La myrtille est une source de vitamine C et de potassium, qui permet d'équilibrer le pH du sang et favorise la digestion. Ces petites baies renferment surtout des flavonoïdes, de puissants antioxydants qui permettent la neutralisation des radicaux libres en excès, limitant ainsi l'apparition de maladies cardio-vasculaires, de cancers et des troubles liés au vieillissement.

Pour 4 personnes : 450 g de myrtilles fraîches ou congelées • 1 cuill. à soupe de nectar d'agave • 1 sachet de stevia • 10 glaçons

- Mettez dans un blender les myrtilles, les glaçons et 1 cuill. à soupe d'eau.
- Mixez en purée.
- Ajoutez le nectar d'agave et la stevia, et mixez de nouveau.
- Versez ce slushy dans 4 jolis verres. Il ne vous reste plus qu'à le savourer.

MINI-CRÊPES À LA FARINE DE MAÏS

Familial

Végétarien • Sans gluten *30 min*

» Des crêpes sans gluten. Il suffit pour cela d'utiliser de la farine de maïs au lieu des farines traditionnelles.

Pour 4 personnes : 250 g de farine de maïs • 3 œufs • 50 cl de lait écrémé, ou de lait de soja ou de riz • 1 pincée de sel • Fromage râpé de soja ou allégé en matières grasses • 1 cuill. à soupe d'huile • 100 g de grains de maïs cuits • Quelques brins de ciboulette

- Préparez une pâte à crêpes avec la farine de maïs : mélangez la farine et les œufs dans un saladier jusqu'à obtention d'une pâte lisse. Ajoutez le sel. Creusez un puits au centre et versez progressivement le lait, en remuant constamment.
- Laissez reposer la pâte quelques minutes.
- Faites cuire des petites crêpes 2 à 3 minutes de chaque côté dans une poêle à blinis huilée.
- Parsemez-les de quelques grains de maïs, de ciboulette ciselée et de fromage râpé.

SAUCE COCKTAIL

Facile • Rapide
Végétalien ⏲ *15 min*

▶▶ Une sauce légère généralement servie avec des crevettes cuites décortiquées pour l'apéritif.

Pour 2 personnes : 6 cuill. à soupe de sauce ketchup • 2 cuill. à soupe de raifort • 4 cuill. à soupe de jus de citron • Sel de céleri • Tabasco

- Mélangez soigneusement le ketchup, le raifort et le jus de citron.
- Ajoutez sel de céleri et Tabasco.
- Mettez au frais avant de déguster.

SALSA FRAÎCHE

Facile
Végétalien • Cru ⏲ *15 min*
+ 1 h de réfrigération

▶▶ Si vous trouvez que les piments utilisés dans cette recette sont trop piquants, retirez-en soigneusement les grains et réduisez la quantité à votre convenance.

Pour 4 personnes : 3 tomates coupées en petits dés (conservez le jus) • ½ oignon rouge haché • ½ piment jalapeño haché finement • ½ piment serrano haché finement • Le jus de 1 citron vert • 125 g de coriandre hachée • Sel, poivre • Origan

- Combinez tous les ingrédients dans un petit saladier, y compris le jus des tomates. Mélangez bien.
- Réservez au frais pendant 1 heure, puis servez avec des tortillas chips de maïs pour l'apéritif.

BOUCHÉES DE SAUMON AUX GRAINES DE SÉSAME

Rapide

Sans gluten

15 min

» Voici une recette très bonne pour la santé : le saumon apporte des graisses essentielles comme les oméga-3, et les graines de sésame sont une excellente source de calcium.

Par personne : 1 tranche de saumon fumé • Le jus de ½ citron jaune • 2 cuill. à soupe de fromage de chèvre frais allégé • 1 cuill. à café de ciboulette ciselée • 1 cuill. à café d'aneth ciselé • 1 cuill. à café de fromage blanc à 0 % • 1 cuill. à soupe de graines de sésame • Poivre blanc moulu

- Faites mariner la tranche de saumon fumé dans le jus de citron le temps de préparer le reste de la recette.
- Mélangez les herbes, le fromage de chèvre, le fromage blanc et du poivre blanc dans un bol.
- Égouttez la tranche de saumon et coupez-la en 2 ou 3 lamelles.
- Placez les lamelles de saumon fumé sur une assiette.
- Étalez une fine couche de préparation à base de fromage de chèvre dessus.
- Roulez chaque lamelle pour obtenir des bouchées de saumon.
- Puis roulez ces bouchées dans les graines de sésame.
- Si les bouchées ne tiennent pas, piquez-les avec des cure-dents.

AMANDES TERIYAKI

Végétalien • Cru

20 min
+ 12 h de trempage
+ 48 h de déshydratation

» La sauce teriyaki est une institution japonaise. Dans les restaurants japonais, vous avez sûrement dû goûter à l'anguille ou au poulet sauce teriyaki. Voici ma version avec des amandes, une alternative aux cacahuètes trop salées et trop grasses de l'apéritif.

Pour 12 portions : 2 tasses d'amandes ayant trempé 12 heures (ou plus) • ½ tasse de dattes émincées • ¼ de tasse de Nama Shoyu (sauce soja non pasteurisée) ou de sauce soja allégée en sodium • ½ gousse d'ail pressée • 1 cuill. à café de gingembre émincé finement

- Rincez et égouttez les amandes.
- Mettez les dattes, la sauce soja, le gingembre émincé et l'ail dans le bol du mixeur.
- Hachez le tout en une purée assez fine.
- Versez le mélange sur les amandes et enrobez-les.
- Répartissez les amandes sur une feuille Teflex et déshydratez-les à 38 °C pendant 24 heures.
- Transférez-les sur une feuille classique de déshydratation et remettez-les au four déshydrateur pendant 24 heures supplémentaires.
- Sortez les amandes du four et laissez-les reposer 15 minutes avant de les déguster.

Ces amandes se conservent dans une boîte hermétique pendant 2 semaines.

TÊTES DE CHAMPIGNON FARCIES AU BOURSIN

Facile

Végétarien • Sans gluten — *30 min*

Originale pour l'apéro ou en entrée, cette recette se décline avec toutes sortes de fromages de ce type, sauces ou autres dips de votre choix.

Pour 4 personnes : Les chapeaux de 8 beaux champignons de Paris • 1 boîte de Boursin • Quelques feuilles de persil plat • Baies de poivre rouge

- Farcissez les chapeaux des champignons de Boursin sans en mettre trop.
- Déposez-les sur un plat de service.
- Décorez de feuilles de persil et de 1 baie de poivre rouge.

TARTARE DE THON AUX ÉCLATS DE TRUFFE

Facile

Cru • Sans gluten

15 min

➤➤ La truffe étant une denrée assez rare et chère, vous pouvez la remplacer par n'importe quel champignon de votre choix, ou encore par du poivron ou de la tomate confite.

Pour 2 personnes : 400 g de thon extrafrais • 1 cuill. à café de gingembre frais râpé • 1 cuill. à soupe d'huile d'olive • 1 cuill. à café d'huile de truffe ou de sésame • 2 cuill. à soupe de ciboulette ciselée • 1 cuill. à soupe d'éclats de truffe • 2 cuill. à soupe de jus de citron • Sel et poivre du moulin

- Coupez le thon en tout petits dés dans un grand bol.
- Ajoutez la ciboulette, le gingembre et les éclats de truffe, puis mélangez bien.
- Ajoutez l'huile d'olive, l'huile de truffe, du sel et du poivre. Mélangez.
- Ajoutez au dernier moment le jus de citron.
- Goûtez et rectifiez l'assaisonnement puis servez sans plus attendre.

TERRINE VERTE

Difficile • Familial

2 h

+ 12h de réfrigération

➤➤ Pourquoi ne pas colorer en vert vos terrines et autres pâtés maison ? Rien de plus simple : les fines herbes fraîches joueront ce rôle à merveille.

Pour 6 personnes : 400 g de talon de jambon • 200 g de hauts de cuisses de poulet désossés • 3 œufs • 1 oignon • 2 échalotes • 1 gousse d'ail • 4 tranches de pain de mie complet • lait demi-écrémé • 1 bouquet d'herbes aromatiques mélangées (cerfeuil, persil, ciboulette, estragon) • 50 g de margarine non hydrogénée • 3 cuill. à soupe d'huile d'olive • Sel, poivre • Quatre-épices

- Faites tremper le pain de mie complet dans le lait.
- Épluchez et émincez l'oignon, les échalotes et l'ail.

- Hachez le talon de jambon puis le poulet.
- Lavez et ciselez toutes les herbes.
- Faites chauffer l'huile et la margarine dans une grande poêle.
- Faites-y revenir doucement les échalotes, l'ail et l'oignon.
- Lorsqu'ils commencent à dorer, ajoutez les viandes hachées.
- Mélangez bien, faites sauter l'ensemble quelques minutes.
- Salez, poivrez. Ajoutez du quatre-épices et les herbes, puis laissez cuire encore quelques instants et laissez refroidir.
- Préchauffez votre four à 180 °C (th. 6).
- Battez les œufs en omelette dans une jatte.
- Ajoutez le pain de mie essoré et le contenu de la poêle. Mélangez bien et rectifiez l'assaisonnement.
- Transvasez la préparation dans une terrine beurrée, couvrez et faites cuire au bain-marie pendant 1 h 15.
- Laissez refroidir et mettez la terrine au réfrigérateur durant 12 heures.
- Le lendemain, démoulez la terrine et découpez des tranches puis présentez-les sur un lit de salade.

SOUPE DE POULET ET TORTILLA

Difficile • Familial

1 h 10

Le piment pasilla est originaire du Mexique. Il est long, fin, de couleur foncé et de même force que le piment d'Espelette. Le piment jalapeño est beaucoup plus fort que le pasilla et reste le plus populaire. Dans cette recette, réduisez la quantité de piment si vous n'aimez pas les plats trop épicés. Cette soupe se congèle très bien sans les tortillas.

Pour 6 personnes : 1 oignon moyen coupé grossièrement • ½ céleri branche détaillé grossièrement • 60 g d'ail haché • 1 piment pasilla coupé en morceaux • 1 piment jalapeño sec coupé en morceaux • 10 cl d'huile d'olive • 6 tomates • 1 litre de bouillon de volaille • Le jus de ½ citron vert ou jaune • 2 blancs de poulet • 2 cuill. à soupe de coriandre ciselée • ½ cuill. à café de piment de Cayenne • 2 cuill. à café de cumin en poudre • 1 cuill. à café de paprika • 1 feuille de laurier • Sel, poivre

- Préchauffez le four à 180 °C (th. 6).
- Mettez les tomates coupées en dés dans un saladier et arrosez-les avec la moitié de l'huile d'olive. Salez et poivrez.
- Disposez les tomates sur une plaque de cuisson allant au four et faites-les rôtir pendant 25 à 30 minutes.
- Pendant ce temps, faites revenir à feu moyen l'oignon, le céleri, les piments et l'ail avec le reste d'huile d'olive et le jus de citron. Mélangez souvent jusqu'à ce que les légumes ramollissent.
- Ajoutez le bouillon de volaille, le piment de Cayenne, le cumin, le paprika et le laurier.
- Amenez à ébullition puis réduisez le feu et laissez mijoter durant 20 minutes.
- Sortez les tomates du four et ajoutez-les au bouillon. Laissez mijoter 10 minutes supplémentaires.
- Pendant ce temps-là, faites revenir le poulet coupé en lanières. Réservez.
- Passez la soupe au mixeur plongeant. Rectifiez l'assaisonnement. Ajoutez les lanières de poulet.
- Servez bien chaud, dans des bols garnis de quelques tortillas chips au maïs, d'un peu d'avocat, de piment jalapeño et de ½ cuill. à café de crème fraîche épaisse allégée.

SALADE ICEBERG AUX CACAHUÈTES

Facile • Rapide

Végétalien • Cru • Sans gluten — *15 min*

Découvrez les cacahuètes sous un nouvel angle. Si vous en raffolez, exit l'apéro mais optez pour cette salade croquante et croustillante où les proportions sont contrôlées et maîtrisées pour un impact moindre sur la balance.

Pour 4 personnes : 1 salade iceberg émincée finement • 1 poignée de cacahuètes fraîches • 4 cuill. à soupe d'huile de colza • 2 cuill. à café d'huile de sésame • 1 cuill. à café de paprika • 3 branches de coriandre fraîche ciselée • 2 cuill. à soupe de vinaigre de vin (type xérès) • Moutarde de Dijon • Sel, poivre

- Mettez la salade et les cacahuètes dans un saladier.
- Préparez la vinaigrette avec de la moutarde, le vinaigre, du sel, du poivre, le paprika et les 2 huiles. Mélangez bien.
- Versez cette vinaigrette sur la salade et mélangez soigneusement.
- Parsemez de coriandre et dégustez.

SALADE TIÈDE DE HARICOTS ET TOPINAMBOURS

Facile • Familial

Végétalien

30 min

» J'aime beaucoup redécouvrir des légumes oubliés, ceux qui sont mal aimés, comme les topinambours, appelés également artichauts de Jérusalem. Goûtez-les les yeux fermés et vous réaliserez que leur goût est très proche de celui des fonds d'artichaut.

Pour 4 personnes : 1 kg de haricots verts frais ou congelés • 500 g de topinambours • 1 cuill. à soupe de margarine non hydrogénée • 2 cuill. à soupe de moutarde de Dijon • 4 cuill. à soupe de vinaigre balsamique • 3 cuill. à soupe d'huile d'olive • 3 échalotes • Sel, poivre

- Pelez et émincez les échalotes.
- Mettez-les à macérer dans un bol avec la moutarde, du sel, et le vinaigre balsamique.
- Faites cuire les haricots à la vapeur puis passez-les sous l'eau fraîche pour qu'ils conservent leur couleur.
- Épluchez et tranchez les topinambours.
- Faites-les revenir à la poêle à feu moyen avec la margarine, puis laissez refroidir.
- Terminez la vinaigrette en ajoutant l'huile d'olive et un peu de poivre au mélange échalotes-moutarde.
- Transférez dans un saladier les haricots et les topinambours, arrosez-les de vinaigrette et mélangez bien avant de servir.

SALADE TEX-MEX

Facile • Rapide • Familial

5 min

Cette salade est à la fois fraîche, riche en fibres et délicieuse. Si vous ne trouvez pas de haricots noirs, remplacez-les par des pois chiches.

Pour 4 personnes : 1 boîte de haricots rouges égouttés et rincés • 1 boîte de haricots noirs égouttés et rincés • 200 g de mozzarella allégée râpée • 1 salade lavée et rincée • 1 grosse boîte de thon au naturel • Huile de colza • Vinaigre de vin • Sel, poivre • Coriandre ciselée

- Préparez la vinaigrette avec l'huile, le vinaigre, du sel, du poivre et la coriandre.
- Mélangez tous les ingrédients dans un saladier.
- Versez la vinaigrette au moment de servir et mélangez de nouveau.

EGGLESS SALAD

Facile

Végétalien • Cru

20 min

Le mot anglais *eggless* signifie « sans œufs ». En effet, si la salade aux œufs est une institution aux États-Unis, sa richesse en graisses (mayonnaise sur œufs durs) en fait un ennemi des régimes santé. En voici une version bonne pour la peau et pour la ligne très prisée des femmes sur la côte Ouest.

Pour 3 personnes : 12,5 cl d'eau de source • 12, 5 cl de jus de citron • 1 ½ cuill. à café de curcuma • 2 gousses d'ail pelées • 1 ½ cuill. à café de fleur de sel • 375 g de noix de macadamia ou de noix de cajou crues • 85 g d'oignon vert ciselé • 85 g de céleri en petits tronçons • 85 g de poivron rouge coupé en petits dés

- Mixez jusqu'à obtention d'une texture onctueuse l'eau, le jus de citron, le curcuma, l'ail, la fleur de sel et les noix de macadamia dans un blender puissant.
- Versez cette purée dans un saladier et ajoutez l'oignon, le céleri et le poivron.
- Mélangez bien puis réservez quelques minutes au frais avant de servir.
- Dégustez cette salade tartinée sur du pain complet toasté.

SALADE D'ENDIVES BICOLORES AU PESTO

Rapide

Végétalien • Cru

15 min

L'endive est riche en eau, en potassium et en vitamines, et ses feuilles riches en fibres favorisent le transit intestinal. Le pesto italien masque son amertume.

Pour 3 personnes : 2 endives blanches • 1 endive rouge ou 1 cœur de trévise (salade rouge) • 1 cuill. à café de graines de chanvre • 1 cuill. à soupe de pignons de pin • 1 cuill. à café de graines de citrouille • 15 noisettes • *Pour la vinaigrette au pesto :* 2 cuill. à soupe de pesto • 1 cuill. à soupe de moutarde forte • ½ gousse d'ail • Sel, poivre • 2 cuill. à soupe de vinaigre balsamique • 1 cuill. à soupe d'huile d'olive

- Rincez et séchez les endives, puis tranchez-les finement dans un saladier.
- Ajoutez les graines de chanvre et de citrouille, les pignons de pin et les noisettes.
- Préparez la vinaigrette en mélangeant tous les ingrédients.
- Versez-la sur la salade et mélangez bien juste au moment de servir, car les endives perdent de leur croquant si vous les laissez mariner dans la vinaigrette.

PLOMBS AUX CREVETTES ET TOFU

Difficile • Familial

45 min

Le berkoukes, berboucha ou encore pâtes plomb (ou couscous israélien, ou ptitim…) correspondent en fait aux gros grains de couscous. On les trouve au rayon pâtes des grandes surfaces.

Pour 6 personnes : 250 g de pâtes plomb • 1 cube de bouillon de volaille • 50 g de petits pois • 50 g d'un mélange de poivron jaune, vert et rouge • 50 g de maïs en grains • 1 échalote • 1 gousse d'ail • 1 bloc de tofu ferme • 20 cl de sauce soja à teneur réduite en sodium • Sel, poivre • 500 g de crevettes surgelées • 1 poignée d'oignons primeurs ciselés • Huile d'olive

- Faites mariner le tofu découpé en cubes dans la sauce soja.
- Faites cuire les pâtes selon les instructions portées sur le paquet dans le bouillon de volaille. Égouttez-les et réservez.
- Portez de l'eau à ébullition dans une autre casserole et faites blanchir les crevettes quelques minutes. Égouttez-les et réservez.
- Faites revenir l'échalote avec un peu d'huile d'olive dans un petit faitout.
- Ajoutez les légumes et faites-les revenir jusqu'à ce qu'ils soient bien tendres.
- Faites dorer les cubes de tofu dans une large poêle et ajoutez la sauce soja au fur et à mesure que le jus s'évapore.
- Retirez du feu dès que les cubes de tofu ont pris une belle couleur caramel.
- Ajoutez les pâtes, le tofu et les crevettes dans le faitout, en remuant. Salez et poivrez.
- Terminez par une poignée d'oignons frais et 1 filet de sauce soja.
- Servez bien chaud.

FLAN D'ASPERGES VERTES

Difficile • Familial

Végétarien

1 h

Une très jolie entrée pour épater vos convives. De plus, l'asperge verte est riche en fibres, en chrome et en vitamines A, C, E et K. Le saviez-vous ? L'asperge verte est également une excellente source de glutathion, un puissant antioxydant contribuant à détruire les radicaux libres responsables de pathologies cardiovasculaires et du vieillissement prématuré de nos cellules.

Pour 6 personnes : 1 kg d'asperges vertes pelées • 20 cl de crème liquide allégée ou de crème de soja • 4 œufs + 1 jaune • 15 g de margarine non hydrogénée • Sel, poivre • 1 pincée de noix muscade • Cerfeuil ou ciboulette • 1 gousse d'ail hachée • Huile d'olive

- Préchauffez le four à 180 °C (th. 6).
- Coupez en rondelles la moitié des asperges à la mandoline ou au robot.
- Faites cuire les asperges en rondelles 10 minutes au cuit-vapeur.

- Mixez-les finement au blender.
- Versez la crème et mixez de nouveau.
- Ajoutez les œufs et le jaune un à un, du sel, du poivre, la gousse d'ail et la noix muscade. Mixez.
- Versez la préparation dans 6 ramequins huilés au pinceau.
- Enfournez pour 30 minutes au bain-marie ou à chaleur tournante.
- Prélevez les pointes des asperges restantes.
- Faites-les revenir dans une casserole à fond épais quelques minutes avec la margarine, puis ajoutez 5 cl d'eau et laissez cuire 8 minutes.
- Les pointes d'asperge doivent rester croquantes.
- Démoulez les flans sur des assiettes de service et entourez-les des pointes d'asperge encore chaudes.
- Ajoutez les herbes ciselées et servez aussitôt.

PAIN DE SAUMON ET THON

Difficile • Familial

1 h 20
+ 24 h de réfrigération

» À déguster frais avec un coulis de tomates cerises.

Pour 10 personnes : ½ boîte de tomates concassées • 170 g de thon en boîte égoutté • 170 g de saumon frais ou surgelé • 2 œufs • ½ oignon • 10 g de margarine non hydrogénée • 1 cuill. à soupe d'huile d'olive • Sel, poivre

- Faites revenir l'oignon émincé dans l'huile d'olive.
- Dès qu'il devient translucide, ajoutez les tomates et laissez mijoter quelques minutes. Réservez.
- Préchauffez le four à 180 °C (th. 6).
- Hachez le saumon frais puis transférez-le dans un saladier.
- Ajoutez le thon, les tomates refroidies et les œufs. Mélangez bien.
- Graissez un moule à cake et versez-y la préparation.
- Enfournez au bain-marie et laissez cuire pendant 1 heure.
- Laissez refroidir et réfrigérez pendant 24 heures avant de déguster.

NAAN À L'AIL

Difficile • Familial

Végétarien *1 h 15*

+ 1 h 15 de repos pour la pâte

Sorte de pain consommé quotidiennement en Asie centrale, le naan peut se décliner sous plusieurs formes, au fromage ou à l'ail, par exemple.

Pour 9 personnes : 15 cl de lait demi-écrémé • 150 g de yaourt nature (au lait de vache ou végétal) • 500 g de farine complète • 1 œuf • 15 g de levure de boulanger fraîche • 1 cuill. à café de levure chimique • 2 cuill. à café de sucre • 2 cuill. à soupe d'huile • ½ cuill. à café d'ail en poudre • Sel

- Faites tiédir le lait dans une casserole.
- Délayez soigneusement 1 cuill. à café de sucre et la levure fraîche avec le lait tiède dans un saladier.
- Couvrez et laissez reposer 15 minutes.
- Tamisez la farine complète au-dessus d'un grand saladier (étape importante qui permet d'éviter les grumeaux).
- Ajoutez ½ cuill. à café de sel et la levure chimique. Mélangez.
- Incorporez progressivement à la levure le reste du sucre, l'huile, le yaourt, l'ail en poudre et l'œuf.
- Pétrissez vigoureusement la pâte. Couvrez-la et laissez-la reposer 1 heure dans un endroit chaud.
- Préchauffez le four à 220 °C (th. 7-8).
- Badigeonnez une plaque à pâtisserie avec un peu d'huile.
- Pétrissez à nouveau la pâte et divisez-la en 6 petites boules.
- Saupoudrez le plan de travail de farine et étalez la première boule au rouleau en lui donnant la forme d'un ovale de 25 cm de long, 13 cm de large et 1 cm d'épaisseur.
- Déposez le pain sur la plaque, enfournez aussitôt à mi-hauteur et laissez cuire environ 8 minutes.
- Lorsque le pain est cuit, déposez-le sur un linge et répétez l'opération avec les autres boules de pâte.

POULET EN ROBE ROUGE

Facile • Familial

Sans gluten — *30 min*

▶▶ Très simple et rapide, cette recette vous offre une façon originale de présenter votre poulet.

Pour 4 personnes : 400 g de blanc de poulet coupé en morceaux • 2 cuill. à café bombées de concentré de tomates • 3 gousses d'ail haché fin • 1 cuill. à café de piment d'Espelette moulu • 30 g de coriandre ou de ciboulette hachée • 1 cuill. à soupe d'huile d'olive • 2 cuill. à café de beurre d'amande ou de cacahuète • Sel, poivre

- Chauffez l'huile dans une sauteuse ou un wok à feu moyen.
- Faites dorer pendant quelques minutes les morceaux de poulet.
- Ajoutez l'ail et remuez.
- Ajoutez le concentré de tomates, le piment, le beurre d'amande, du sel et du poivre, puis mélangez à nouveau.
- Retirez du feu et saupoudrez de coriandre (ou de ciboulette) hachée.
- Servez accompagné de riz basmati ou complet.

BOUCHÉES DE POULET CARAMÉLISÉES

Facile • Familial

Sans gluten — *30 min*

▶▶ Vous l'aurez remarqué, j'adore le poulet. Et pour cause : cette volaille est l'amie de la ligne car peu grasse (sans la peau) et riche en protéines. Voici une façon gourmande de la préparer : caramélisée au miel. Ces bouchées peuvent être servies pour l'apéritif ou en plat principal, avec des courgettes rôties au four.

Pour 4 personnes : 3 grosses escalopes de poulet • 4 cuill. à soupe de vinaigre balsamique • 1 gousse d'ail écrasée • ½ cuill. à café de gingembre en poudre • 2 cuill. à soupe de miel liquide • Sel, poivre • 1 cuill. à soupe d'huile de colza

- Découpez les escalopes de poulet en gros dés.
- Mélangez le vinaigre balsamique, l'ail, le gingembre et le miel dans un plat. Salez et poivrez.
- Ajoutez les dés de poulet à cette marinade et réservez au frais au moins 15 minutes.
- Faites chauffer l'huile dans une poêle.
- Jetez-y les dés de poulet égouttés et faites-les cuire 3 minutes (ils doivent être caramélisés).
- Mettez-les sur des piques en bois et servez immédiatement.

LAPIN AUX TOMATES CONFITES ET HERBES DE PROVENCE

Facile • Familial

Sans gluten

1 h 15

Le lapin est également une viande maigre. Il est de plus riche en protéines de bonne qualité ainsi qu'en vitamines B, E et PP.

Pour 6 personnes : 1 lapin découpé en 6 morceaux • 6 gousses d'ail non pelées • 8 tomates grappe • 2 oignons rouges pelés • 1 cuill. à soupe d'herbes de Provence • 1 cuill. à soupe de sucre en poudre ou de miel • 10 cl d'huile d'olive • Sel, poivre

- Préchauffez le four à 150 °C (th. 5).
- Coupez les tomates et les oignons en quartiers.
- Placez-les dans un grand plat à four.
- Ajoutez les gousses d'ail entières et saupoudrez le tout de sucre ou de miel.
- Salez et poivrez les morceaux de lapin et disposez-les au centre du plat, en plaçant les légumes autour.
- Saupoudrez d'herbes de Provence et arrosez d'huile d'olive.
- Enfournez pour environ 1 heure.
- Retournez les morceaux de lapin plusieurs fois en cours de cuisson.
- Servez avec du quinoa.

SPAGHETTIS À LA SAUCISSE DE POULET

Facile • Rapide • Familial

20 min

Les pâtes ne font pas grossir en quantité raisonnable, profitons-en ! Cette recette permet de réduire la quantité de saucisse de par sa présentation en rondelles. En effet, voir plusieurs rondelles envoie un message au cerveau de « quantité » de nourriture plus élevée que la vision d'une seule unité (la saucisse entière).

Pour 4 personnes : 250 g de spaghettis • 2 saucisses de poulet • 2 cuill. à soupe d'huile d'olive • Persil • Sel, poivre

- Faites cuire les spaghettis al dente dans l'eau bouillante salée. Égouttez-les et réservez au chaud.
- Faites griller les saucisses. Coupez-les en rondelles et ajoutez-les aux spaghettis.
- Arrosez d'huile d'olive et mélangez délicatement.
- Salez, poivrez et servez aussitôt, avec un peu de persil ciselé.

MIGNONS DE DINDE AUX ASPERGES

Facile • Rapide • Familial

Sans gluten

30 min

Un plat chic pour les soirées entre amis, lorsque l'on ne souhaite pas avouer que l'on fait attention à sa ligne.

Pour 4 personnes : 4 pavés de dinde bardés de lard maintenus avec des cure-dents • 1 cuill. à soupe d'huile d'olive • 1 botte d'asperges • 4 gousses d'ail • Sel, poivre

- Rincez et séchez les asperges.
- Faites griller les mignons de dinde à l'huile d'olive dans une poêle.
- Pelez les gousses d'ail et coupez-les en quatre.
- Ajoutez-les aux mignons de dinde et faites-les griller également.
- Réservez au chaud.
- Faites griller les asperges dans la même poêle.
- Présentez les mignons de dinde entourés des asperges et des gousses d'ail.

POULET PICCATA

Difficile • Familial

30 min

Initialement, la piccata est un plat italien à base de veau. Je le revisite ici avec du poulet et des légumes.

Pour 6 personnes : 1 citron • 60 g de farine entière bio • 6 escalopes de poulet fines • 10 cl d'huile d'olive • 30 g de margarine non hydrogénée • 1 gousse d'ail finement hachée • 250 g de tomates concassées • 150 g de champignons émincés • 15 g de fécule de tapioca ou de maïs • 12 cl de bouillon de poulet • 1 cuill. à soupe de câpres • 5 g de sucre • Sel, poivre

- Pelez le citron à vif au-dessus d'un bol et retirez les membranes.
- Coupez-le en morceaux en récupérant le jus.
- Assaisonnez et farinez les escalopes de poulet.
- Faites chauffer une poêle avec la moitié de l'huile d'olive.
- Faites colorer les escalopes, à feu moyen à vif, de 3 à 5 minutes de chaque côté. Réservez au chaud.
- Remettez la poêle sur le feu, ajoutez la margarine non hydrogénée.
- Faites sauter les champignons et les tomates pendant environ 2 minutes.
- Ajoutez l'ail.
- Délayez la fécule dans le bouillon.
- Déglacez la poêle avec ce mélange, remuez et portez à ébullition.
- Ajoutez le citron et son jus, les câpres, le sucre, du sel et du poivre.
- Faites mijoter quelques minutes et laissez réduire.
- Versez la sauce sur le poulet.
- Servez bien chaud avec des haricots verts à la vapeur.

VEAU FAÇON BASQUAISE

Rapide

20 min

Habituellement, au Pays basque, c'est le poulet que l'on cuisine ainsi, avec de nombreux légumes. Ici, j'ai choisi de vous faire découvrir ma recette à base de veau.

Pour 4 personnes : 600 g de noix de veau hachée par votre boucher • 2 tranches de jambon de Bayonne coupées grossièrement en morceaux • 2 tomates taillées en dés • 1 oignon émincé • 2 gousses d'ail hachées • 1 poivron rouge, 1 poivron vert et 1 poivron jaune taillés en dés • 1 petit bouquet garni • 1 piment d'Espelette frais haché • 10 cl de coulis de tomates • 1 cuill. à soupe d'huile d'olive • Basilic • Sel, poivre

- Faites revenir l'oignon à feu moyen dans une sauteuse avec l'huile d'olive, puis ajoutez l'ail et le piment.
- Tournez 2 minutes et ajoutez les poivrons.
- Au bout de 5 minutes, ajoutez le veau et le bouquet garni, salez et poivrez.
- Faites cuire encore 5 minutes en remuant.
- Ajoutez les dés de tomate, le jambon et le coulis de tomates.
- Mélangez et faites cuire à couvert encore 3 à 4 minutes.
- Enlevez le bouquet garni et versez dans le plat de service.
- Ciselez le basilic et parsemez-en le plat.
- Servez avec du riz complet ou du quinoa cuit à la vapeur.

PARMENTIER DE COURGETTES ET AUTRUCHE

Familial

25 min

Une version revisitée d'un grand classique de notre gastronomie.

Pour 4 personnes : 500 g de viande d'autruche hachée ou de bœuf extra-maigre • 6 courgettes coupées en rondelles • 1 oignon émincé • 2 gousses d'ail • 3 tomates confites détaillées en petits morceaux • Sel, poivre • Cumin • Paprika • 4 cuill. à soupe d'huile d'olive

- Préchauffez le four à 200 °C (th. 6-7).
- Déposez les tranches de courgette sur une plaque de cuisson et vaporisez-les d'huile d'olive (ou badigeonnez-les d'huile au pinceau).
- Salez, poivrez. Enfournez pour 15 à 20 minutes.
- Pendant ce temps, faites revenir l'oignon et l'ail durant 5 minutes dans une sauteuse avec 1 cuill. à soupe d'huile d'olive. Ajoutez les tomates confites et remuez.

- Incorporez la viande et assaisonnez avec du sel, du poivre, du cumin et du paprika. Mélangez bien puis laissez cuire 15 minutes.
- Vérifiez la cuisson des courgettes et arrêtez la cuisson.
- Pour une jolie présentation, garnissez un grand ramequin d'une couche de courgettes puis de viande, puis d'une deuxième couche de courgettes. Tassez bien pour que le parmentier prenne la forme du ramequin et ait une bonne tenue au démoulage.
- Renversez le ramequin sur une assiette et servez de suite.

ROULEAUX DE RIZ AU BŒUF

Difficile

Sans gluten

1 h

Une recette originale pour découvrir le maniement des galettes de riz. Inventez ensuite vos propres farces !

Pour 5 personnes : 1 paquet de feuilles de riz (environ 500 g) • 500 g de bœuf haché • 2 oignons émincés • ½ bouquet de coriandre ciselée • 1 cuill. à soupe d'huile d'olive • 6 à 8 cuill. à soupe d'huile de colza • 1 bouquet de menthe fraîche • Cumin • Sel, poivre

- Faites caraméliser les oignons dans l'huile d'olive.
- Ajoutez la viande et laissez cuire 15 minutes environ. Salez et poivrez. Saupoudrez de cumin et parsemez de coriandre.
- Réservez et laissez cette farce refroidir.
- Étalez 1 feuille de riz sur une assiette et déposez un peu de farce refroidie sur le bord droit.
- Roulez la feuille de quelques centimètres, puis repliez le bord supérieur et le bord inférieur de quelques centimètres vers l'intérieur de la feuille de manière à ce que la farce ne s'échappe pas.
- Continuez de rouler pour former un nem.
- Procédez de la même façon jusqu'à épuisement des ingrédients.
- Faites chauffer l'huile de colza dans une sauteuse, et faites dorer les nems.
- Réservez-les sur du papier absorbant.
- Servez avec des feuilles de salade, la menthe et du nuoc mam.

HAWAIIENNE DE JAMBON, ANANAS ET RIZ

Facile • Familial

Sans gluten

40 min

» Découvrez des saveurs d'ailleurs et laissez voyager votre esprit et vos sens avec ce plat sucré-salé typique des îles que les Hawaiiens cuisinent avec une conserve de jambon appelée Spam®. Je le remplace ici par du jambon blanc à l'os, bien plus sain.

Pour 4 personnes : 4 tranches de jambon à l'os • 2 tranches d'ananas frais coupées en petits dés • 4 cuill. à café de miel • 150 g de riz thaï complet

- Faites cuire le riz selon les instructions portées sur le paquet. Il doit rester un peu ferme pour la recette.
- Pendant ce temps, faites suer à feu doux les tranches d'ananas dans une sauteuse antiadhésive.
- Dès qu'il y a un peu de jus, ajoutez les dés de jambon et laissez chauffer jusqu'à ce que le riz soit cuit.
- Égouttez le riz en conservant un peu de son eau de cuisson.
- Versez cette eau de cuisson dans la sauteuse pour décoller les sucs.
- Mélangez bien le riz, l'ananas et le jambon. Servez immédiatement, avec une limonade alcalinisante pour un effet vacances garanti.

PINTADE SAUCE AU VIN

Familial

40 min

» N'hésitez pas à décliner cette recette avec du canard, des cailles ou du lapin.

Pour 2 personnes : 2 cuisses de pintade • ½ bouteille de vin rouge (de préférence du cabernet-sauvignon) • 4 cuill. à soupe de farine complète • 2 cuill. à soupe d'huile d'olive • 2 oignons émincés • Sel, poivre • Thym • 100 g de pâtes langue-d'oiseau ou orzo complètes (dans les épiceries orientales)

- Faites cuire les cuisses de pintade dans une sauteuse avec l'huile d'olive et les oignons pendant 10 minutes environ.
- Ajoutez du thym, du sel et du poivre.
- Versez le vin et retirez les cuisses de la sauteuse.
- Faites un roux avec la farine : versez la farine dans la sauteuse et laissez cuire à feu moyen à doux, en remuant sans cesse pour éviter la formation de grumeaux, jusqu'à ce que la sauce épaississe.
- Remettez les cuisses de pintade dans la sauteuse et laissez encore cuire à feu doux 5 à 8 minutes. Vérifiez la cuisson avec la pointe d'un couteau.
- Pendant ce temps, faites cuire les pâtes dans l'eau bouillante salée.
- Servez les cuisses de pintade accompagnées de quelques pâtes et arrosées de leur jus de cuisson.

SAUTÉ DE CHAMPIGNONS AU SARRASIN

Facile • Familial

Sarrasin — *35 min*

Cette recette succulente est composée d'aliments variés : viande, légumes, céréales et bonnes matières grasses. Voilà un plat complet pour vous caler et éviter les fringales entre les repas. Vous pouvez, au moment de servir, parsemer légèrement les assiettes de parmesan râpé.

Pour 4 personnes : 1 kg de champignons variés (de préférence au moins 3 variétés différentes pour nuancer les saveurs) • 400 g de sarrasin cuit dans du bouillon de poule ou de légumes • 125 g de poitrine fumée • 1 poivron vert • 2 tomates • 1 oignon • 2 gousses d'ail • Persil • 1 cuill. à soupe de farine complète • 150 g de crème fraîche à 0% • 1 cuill. à café de paprika • 2 cuill. à soupe d'huile d'olive • Sel, poivre

- Lavez le poivron et détaillez-le en lamelles.
- Rincez les champignons dans de l'eau légèrement vinaigrée, égouttez-les puis séchez-les avec du papier absorbant.

- Ébouillantez les tomates, pelez-les et coupez-les en morceaux.
- Détaillez la poitrine en petits lardons. Faites-les dorer à feu doux dans une sauteuse avec 1 cuill. à soupe d'huile d'olive.
- Retirez-les. Remplacez-les par l'oignon émincé.
- Laissez cuire l'oignon à feu doux jusqu'à ce qu'il devienne translucide.
- Ajoutez les champignons, le poivron, les tomates, les lardons et l'ail écrasé.
- Assaisonnez de paprika, de sel et de poivre.
- Laissez cuire 10 minutes, jusqu'à ce que l'eau rendue par les champignons et les tomates soit presque entièrement évaporée.
- Mélangez la farine, la crème et le sarrasin cuit dans un saladier et laissez reposer 10 minutes.
- Puis versez ce mélange dans la sauteuse et prolongez la cuisson de 2 minutes, en remuant constamment avec une cuillère en bois.
- Servez aussitôt.

CLAFOUTIS AUX POIS

Familial • Facile

35 min

Les petits pois n'ont pas souvent la cote auprès des enfants. Voici un plat original qui devrait les convaincre.

Pour 5 personnes : 1 kg de petits pois frais ou surgelés • 750 g de jambon blanc coupé en cubes • 150 g de fromage râpé ou de fromage de soja ou de riz • 8 œufs • 200 g de farine complète • 30 cl de lait écrémé ou de soja • 1 gousse d'ail réduite en purée • Sel, poivre

- Préchauffez le four à 150 °C (th. 5).
- Répartissez les petits pois dans des plats à gratin individuels.
- Ajoutez les cubes de jambon.
- Mélangez les œufs, la farine, le lait, l'ail, du sel et du poivre dans un saladier.
- Versez ce mélange dans les plats.
- Saupoudrez de fromage râpé et enfournez pour 20 minutes.

PAK-CHOÏ AUX CREVETTES

Rapide • Familial

Sans gluten

20 min

▶▶ Le pak-choï est un chou venant de Chine et implanté aux États-Unis lorsque les Chinois s'y sont installés, à l'époque de la ruée vers l'or.

Pour 4 personnes : 2 pak-choï (choux chinois) • 250 g de petites crevettes grillées • 1 cuill. à soupe de graines de sésame • 1 pomme golden ou granny-smith non pelée coupée en petits dés • Sel, poivre • Le jus de ½ citron • 1 vinaigrette à base de soyonnaise

- Rincez les pak-choï et séchez-les.
- Détaillez-les en lamelles et mettez-les dans un saladier.
- Ajoutez les crevettes, les graines de sésame et la pomme arrosée de jus de citron.
- Assaisonnez de vinaigrette à la soyonnaise et mélangez bien.
- Servez cette salade parsemée de coriandre ou de ciboulette ciselée.

SARDINES ET POMMES DE TERRE EN GRATIN

Facile • Familial

Sans gluten

1 h 15

▶▶ Vous n'aimez pas l'odeur des sardines grillées au barbecue ? Dégustez-les en gratin, elles se marient très bien avec les pommes de terre à la texture fondante.

Pour 4 personnes : 750 g de sardines en boîte entières • 750 g de pommes de terre à chair ferme • 6 feuilles de laurier • 8 cuill. à soupe d'huile d'olive • Sel, poivre

- Préchauffez le four à 200 °C (th. 6-7). Rincez les pommes de terre et coupez-les en fines tranches.
- Mettez 3 feuilles de laurier dans un moule à gratin graissé.
- Disposez les tranches de pommes de terre, arrosez-les d'un peu d'huile d'olive. Salez et poivrez légèrement.

- Ajoutez une couche de sardines égouttées, disposez le reste des feuilles de laurier et poursuivez en alternant les couches de pommes de terre et de sardines puis assaisonnez.
- Terminez par une couche de pommes de terre, arrosez encore d'un peu d'huile.
- Couvrez le gratin d'aluminium ménager et enfournez pour 40 minutes à 1 heure.
- Vérifiez la cuisson en piquant les pommes de terre avec la pointe d'un couteau.
- Enlevez l'aluminium 15 minutes avant la fin de la cuisson pour laisser dorer les pommes de terre.

TOURTEAU À LA CITRONNELLE

Difficile

Sans gluten — *45 min*

Le tourteau est une variété de crabe. Comme tous les crabes, il est très riche en vitamine B12, sélénium, zinc et cuivre.

Pour 4 personnes : 2 tourteaux moyens • 1 boîte de 40 cl de lait de coco allégé • 2 cuill. à soupe de gingembre frais râpé fin • 1 petite boîte de pousses de bambou égouttées • 1 cuill. à café de citronnelle râpée • 4 cuill. à soupe d'huile d'olive • 6 gousses d'ail hachées • Sel, poivre

- Ébouillantez les tourteaux pendant 1 minute environ, puis décortiquez-les (pattes, pinces, corps).
- Faites revenir les morceaux dans l'huile d'olive pendant 20 minutes.
- Ajoutez l'ail, le gingembre, les pousses de bambou, du sel et du poivre. Mélangez bien.
- Prolongez la cuisson pendant 10 minutes à feu très doux.
- Ajoutez la citronnelle et la boîte de lait de coco.
- Mélangez le tout puis laissez réduire 10 minutes environ.
- Rectifiez l'assaisonnement et servez accompagné de riz basmati ou complet.

THON GRILLÉ À LA MARINADE MÉDITERRANÉENNE

Facile

Sans gluten — *10 min + 2 h de marinage*

Une recette de grillade très saine sans impact sur votre ligne. Attention : le thon contenant de plus en plus de mercure, il est déconseillé d'en consommer plus de deux fois par mois.

Pour 4 personnes : 4 tranches de thon • Le jus de 1 citron • 4 cuill. à soupe d'huile d'olive • 1 cuill. à café de gingembre frais râpé • 1 gousse d'ail • Sel, poivre • 1 cuill. à café de cumin • Coriandre fraîche ciselée

- Deux heures avant le repas, mettez les tranches de thon à mariner dans l'huile d'olive, le jus du citron, l'ail haché, le gingembre, du sel, du poivre, le cumin et la coriandre.
- Faites cuire le thon bien mariné sur le gril ou à la plancha.

FILET DE CABILLAUD SUR LIT DE TOMATES

Rapide

Sans gluten — *20 min*

Le saviez-vous ? Cabillaud est le nom de la morue quand elle est fraîche. Autrefois méprisé, ce poisson est aujourd'hui un aliment de choix, grâce à sa chair fine dépourvue de petites arêtes.

Pour 4 personnes : 2 tomates • 4 tomates confites • 2 gousses d'ail pelées • Quelques brins de persil • Huile d'olive • 4 filets de cabillaud frais ou surgelés • Sel, poivre

- Rincez et coupez les tomates fraîches en petits dés.
- Faites chauffer l'huile d'olive dans une sauteuse et faites-y revenir les gousses d'ail pressées.
- Ajoutez les dés de tomate.
- Laissez cuire quelques minutes, puis ajoutez les tomates confites détaillées en petits morceaux.
- Mélangez et poursuivez la cuisson jusqu'à obtenir une purée.
- Parsemez de persil haché, salez et poivrez.

- Faites cuire les filets de cabillaud sur ce lit de purée de tomates.
- Retournez-les au bout de 3 minutes et laissez-les cuire encore 3 minutes.
- Présentez-les à l'assiette, et garnissez de purée de tomates.
- Servez bien chaud.

RILLETTES DE THON, CITRON ET CÂPRES

Facile • Rapide

Sans gluten

10 min + 2 h de réfrigération

Dégustez ces rillettes avec un peu de pain pita complet.

Pour 4 personnes : 350 g de thon au naturel égoutté • 2 petits-suisses • 2 cuill. à soupe de crème fraîche à 15 % • 1 cuill. à café de moutarde à l'ancienne • Le jus de ½ citron • 2 cuill. à café de câpres • Sel, poivre

- Émiettez le thon à la fourchette dans un saladier.
- Ajoutez les petits-suisses et mélangez.
- Ajoutez la moutarde, la crème fraîche, le jus de citron, et mélangez soigneusement.
- Ajoutez les câpres, du sel et du poivre, et mélangez de nouveau.
- Réservez au frais 1 à 2 heures.

PIZZA COMPLÈTE AU SAUMON ET AU PESTO

Facile • Rapide

30 min

Optez pour cette pizza verte délicieuse à souhait accompagnée d'une salade de roquette, tomates cerises et pignons de pin, par exemple, ou d'une salade d'épinards à l'huile d'olive et au citron.

Pour 4 personnes : 1 pâte à pizza maison ou toute prête • 1 peu de pesto • Quelques tranches de saumon sauvage fumé • 1 peu de fromage de soja ou de mozzarella allégée râpée

- Préchauffez le four à 210 °C (th. 7).
- Étalez la pâte à pizza sur un plan de travail.
- Badigeonnez-la de pesto.
- Garnissez-la de fromage et terminez par des petits bouts de saumon.
- Enfournez pour 20 minutes.

POTÉE AUX HARICOTS ET THON

Facile • Familial

Sans gluten

30 min

Un classique rapide, sain et que toute la famille va apprécier. À déguster été comme hiver.

Pour 4 personnes : 1 oignon émincé • 1 tomate • 500 g de haricots frais ou surgelés • 2 feuilles de chou vert finement émincées pour décorer (facultatif) • 1 petite boîte de thon • Quelques olives • Huile d'olive • Sel, poivre

- Rincez la tomate.
- Faites revenir l'oignon dans une poêle antiadhésive avec l'huile d'olive, puis ajoutez la tomate coupée en dés. Laissez revenir jusqu'à ce que l'oignon devienne translucide puis réservez.
- Rincez et équeutez les haricots verts. Faites-les cuire à la vapeur (ils doivent rester croquants) puis ajoutez-les dans la poêle.
- Égouttez le thon et émiettez-le sur les haricots. Salez, poivrez.
- Poursuivez la cuisson durant 5 minutes, en remuant de temps en temps.
- Servez éventuellement avec le chou vert.

GAMBAS À L'AIL

Rapide • Familial

Sans gluten

20 min

Gambas est un mot d'origine espagnole qui désigne de grosses crevettes, soit encore plus d'oméga-3 et de vitamines B3 et B12 !

Pour 1 personne : • 4 gambas fraîches ou surgelées • 1 gousse d'ail hachée • 1 petit piment rouge doux • 1 oignon frais de printemps avec les feuilles vertes • ¼ d'oignon émincé • Sel, poivre • 1 cuill. à soupe d'huile d'olive

- Faites revenir l'oignon dans une poêle avec l'huile d'olive.
- Ajoutez le piment finement tranché.
- Retirez la tête des gambas puis coupez-les en deux dans le sens de la longueur.
- Ajoutez-les à l'oignon et faites-les revenir 2 à 3 minutes de chaque côté. Salez, poivrez.
- Juste avant la fin de la cuisson, ajoutez l'oignon de printemps coupé en petits morceaux et servez aussitôt.

Attention : une cuisson prolongée durcit la chair des gambas.

BROCHETTES D'ESPADON AU CITRON

Rapide

Sans gluten

20 min

Ce poisson des mers tropicales est impressionnant par sa carrure et la vitesse à laquelle il se déplace dans l'eau. Sa chair est délicate, et son goût rappelle un peu celui du thon. Mais, comme le thon, l'espadon contient du mercure, mieux vaut donc ne le faire figurer au menu que deux fois par mois au maximum.

Pour 4 personnes : 300 g d'espadon (ou de thon) • 1 citron • 1 poivron rouge • Huile d'olive • Sauge fraîche ou déshydratée • Sel, poivre

- Coupez l'espadon en 20 cubes.
- Lavez le citron et coupez-le en 5 rondelles, puis recoupez ces rondelles en quatre.
- Coupez le poivron en une vingtaine de petits cubes.
- Réalisez 4 brochettes en alternant poivron, poisson et citron.
- Salez, poivrez, saupoudrez de sauge et arrosez de 1 filet d'huile d'olive.
- Faites cuire les brochettes environ 10 minutes sur le gril de votre four ou au barbecue, en les retournant au bout de 5 minutes.

HUMMUS AUX COURGETTES

Rapide

Végétalien • Sans gluten — *20 min*

» L'hummus vous connaissez, mais aux courgettes, ça c'est nouveau. La courgette a tout bon. Tout d'abord, c'est un légume très peu calorique (moins de 15 kcal pour 100 g), et c'est un concentré de vitamines, minéraux et oligoéléments : potassium, phosphore, magnésium, calcium, vitamines C, B, et A, fibres… Vous avez découvert dans les chapitres précédents l'hummus aux pois chiches, puis l'hummus aux courgettes et pois chiches, voici une version 100 % courgettes.

Pour 2 personnes : 2 courgettes • 1 cuill. à café d'ail écrasé • Le jus de ½ citron • 1 cuill. à café de tahiné • 1 cuill. à café de cumin • 1 cuill. à soupe d'huile d'olive • Fleur de sel

- Pelez les courgettes et coupez-les en morceaux.
- Mettez tous les ingrédients dans le bol de votre robot et mixez jusqu'à obtenir une purée onctueuse.
- Vous pouvez déguster cet hummus avec du pain pita complet, du pain essénien pour un repas cru ou du pain complet grillé tout simplement.

HARICOTS VERTS CONFITS

Facile

Sans gluten • Végétarien — *1 h 30 min*

» Enfin une recette pour faire apprécier ces légumes verts à vos bambins si difficiles en cuisine !

Pour 4 personnes : 2 oignons émincés • 2 cubes de bouillon de légumes • 500 g de haricots verts surgelés ou frais • 1 citron (facultatif) • Poivre

- Réalisez un bouillon avec 2 litres d'eau et les cubes, puis ajoutez les oignons.
- Portez à ébullition et laissez réduire le bouillon pendant 1 heure.
- Ajoutez les haricots congelés et, si nécessaire, ajoutez un peu d'eau au fil de la cuisson.
- Faites confire les haricots à feu doux 15 à 20 minutes.

- Poivrez et arrosez éventuellement de jus de citron.
- Dégustez bien chaud !

HAMBURGER CRU AUX GRAINES DE TOURNESOL

Difficile

Végétalien • Cru • Sans gluten

15 min + 4 h de trempage + 12 h de déshydratation

Un hamburger sain et délicieux. Pourquoi ne pas l'accompagner de frites de topinambours pour continuer sur cette belle lancée ? La graine de tournesol, comme les noix, est certes riche en lipides, donc assez calorique, mais ses acides gras ont des effets bénéfiques sur notre système cardio-vasculaire. Elle permet notamment de réduire le taux de mauvais cholestérol dans le sang et d'augmenter la concentration du bon cholestérol.

Pour 10 hamburgers : 250 g de noix trempées 4 heures minimum • 250 g de graines de tournesol trempées 4 heures minimum • 7 demi-tomates séchées réhydratées dans de l'eau durant 4 heures • 160 g de champignons de Paris • 2 cuill. à soupe de sauce soja • Sel • ½ carotte râpée • 1 cuill. à café de piment doux • 1 cuill. à café de fines herbes • ½ cuill. à café d'ail en poudre • 3 cuill. à soupe d'huile d'olive

- Égouttez les noix, les graines de tournesol et les tomates réhydratées, en réservant le jus.
- Placez-les avec le reste des ingrédients dans un mixeur.
- Ajoutez le jus des tomates et réduisez le tout en une pâte ferme.
- Ajoutez un peu de jus si la pâte est trop sèche.
- Formez des croquettes de la taille d'un hamburger jusqu'à épuisement de la pâte. Préparez une grille et une feuille Teflex et disposez les hamburgers dessus.
- Déshydratez les hamburgers durant 12 heures à 40 °C. Puis, selon vos goûts, prolongez la déshydratation jusqu'à ce que les burgers soient fermes et se tiennent bien.

Ces hamburgers se conservent quelques jours au réfrigérateur. Ils peuvent aussi se congeler.

HARICOTS FAÇON GRAND-MÈRE

Facile • Rapide

Végétalien • Sans gluten *30 min*

» Découvrez comment cuisiner autrement vos haricots verts pour retrouver leur délicate saveur. Nous servons trop souvent nos légumes sans assaisonnement, sans aromates et autres condiments. Pourtant, ils sont peu caloriques (voire pas du tout !) et font une véritable différence dans l'assiette. N'hésitez pas à appliquer cette astuce à tous vos autres légumes.

Pour 4 personnes : 650 g de haricots verts ou beurre équeutés • 1 gros oignon paille émincé • 2 gousses d'ail écrasées en purée • 1 grosse tomate mûre taillée en dés (conservez le jus et les pépins) • 1 cuill. à soupe d'huile d'olive • 1 trait de vinaigre • Persil plat ciselé • Sel, poivre

- Faites cuire les haricots verts ou beurre à la vapeur, en les gardant croquants.
- Faites revenir l'oignon dans une sauteuse avec l'huile d'olive jusqu'à ce qu'il devienne translucide.
- Ajoutez les dés de tomate avec leur jus et faites-les sauter sur feu vif.
- Ajoutez la purée d'ail, mélangez en remuant pendant 2 minutes et versez le vinaigre.
- Ajoutez les haricots et mélangez en remuant pendant encore 2 à 3 minutes.
- Salez, poivrez et parsemez de persil ciselé. Servez bien chaud.

GRENAILLES DE NOIRMOUTIER À L'ESTRAGON

Familial

Végétalien • Sans gluten *40 min*

» Les petites pommes de terre grenailles, comme la rate du Touquet, n'ont pas besoin d'être épluchées. Brossez-les simplement sous l'eau claire. Cela vous permettra de conserver les vitamines et minéraux que contient leur peau.

Pour 4 personnes : 800 g de pommes de terre de Noirmoutier • 1 cuill. à soupe de margarine non hydrogénée • 2 cuill. à soupe de moutarde de Dijon • 1 branche d'estragon ciselée • Fleur de sel

- Faites cuire les pommes de terre avec la peau à la vapeur, puis coupez-les en rondelles.
- Faites-les rissoler à la poêle avec la margarine et la moutarde pendant 15 à 20 minutes. Parsemez d'estragon et de fleur de sel.
- Dégustez ces délicieuses pommes de terre avec un steak de soja, du jambon cuit ou juste une salade de pousses d'épinards.

CHUTNEY À LA RHUBARBE

Végétalien • Sans gluten

1 h 15

» Ce chutney accompagne à merveille des viandes comme le canard ou autres volailles. Il se conserve plusieurs jours au réfrigérateur, dans un pot à confiture.

Pour 1 pot à confiture : 300 g de rhubarbe • 200 g d'oignons émincés • 80 g de raisins secs • 200 g de sucre roux • 15 cl de vinaigre de cidre • Sel • ½ cuill. à café de cannelle • ½ cuill. à café de gingembre en poudre • ½ cuill. à café de clous de girofle écrasés • 1 pincée de piment d'Espelette

- Effilez la rhubarbe et coupez-la en tronçons.
- Mélangez la rhubarbe, les oignons, les raisins secs, le sucre, le vinaigre de cidre, du sel, la cannelle, le gingembre, et le piment d'Espelette dans une casserole.
- Laissez cuire environ 1 heure à feu doux.
- Versez ce chutney dans un pot à confiture et laissez-le refroidir avant de le réserver au réfrigérateur.

NID DE DAÏKON EN SALADE

Facile • Rapide

Végétalien • Sans gluten

20 min

» Le daïkon, aussi appelé radis chinois ou radis d'hiver, est l'équivalent de notre radis noir. Riche en vitamine C, il contient un enzyme appelé myrosinase, qui permet d'accélérer la digestion.

Pour 1 personne : 1 morceau de daïkon de 100 g environ • 1 carotte râpée • 2 cuill. à soupe de vinaigre balsamique • 1 cuill. à café de miel • 1 cuill. à café d'huile de noix • Graines germées pour décorer

- Pelez et râpez la carotte et le daïkon.
- Mettez-les dans un petit saladier et assaisonnez d'une vinaigrette composée du vinaigre balsamique, du miel et de l'huile de noix.
- Ajoutez les graines germées et servez aussitôt.

PURÉE DE CHOU-FLEUR POURPRE

Rapide • Familial

Végétalien • Sans gluten — *20 min*

» Cette purée à la couleur et au goût surprenants fera l'unanimité dans la famille.

Pour 4 personnes : 700 g de chou-fleur violet • 20 g de margarine non hydrogénée • Sel, poivre

- Retirez les feuilles du chou-fleur, coupez-le en petits bouquets et faites-le cuire à la vapeur pendant 10 à 15 minutes.
- Écrasez-le à la fourchette et ajoutez la margarine non hydrogénée.
- Salez et poivrez.

ROULEAUX DE PRINTEMPS

Rapide

Végétalien — *10 min*

» Qui ne connaît pas ces petits rouleaux de crêpes de riz originaires d'Asie du Sud- Est ? À vous de les préparer et de les garnir avec autant de fantaisie que vous le souhaitez. Côté ligne, je préfère les rouleaux de printemps aux nems, qui sont frits.

Pour 4 personnes : 10 feuilles de laitue • 200 g de pousses de soja • 200 g de champignons de Paris • 2 carottes pelées • 5 ciboules avec leur partie verte • 5 brins de persil • Quelques feuilles de menthe

fraîche • Feuilles de riz • Nuoc mam allongé de jus de citron, d'ail et de sucre (ou sauce soja si vous trouvez le goût du nuoc mam trop prononcé)

- Émincez les champignons, découpez les ciboules en lanières et déchirez la laitue en fins lambeaux.
- Coupez les carottes en allumettes.
- Cassez les feuilles de riz en quatre et trempez-les dans l'eau pour les humidifier, puis garnissez-les des ingrédients.
- Roulez-les et dégustez-les trempées dans le nuoc mam.

SOYONNAISE

Rapide • Facile

Végétalien • Sans gluten — *10 min*

» Voici une mayonnaise plus légère et qui est in-ra-ta-ble. La texture du tofu soyeux ressemble à celle du yaourt. Il se vend en conserve (à conserver au réfrigérateur après ouverture) ou au rayon frais, dans un emballage de plastique. Utilisez-en pour préparer des desserts, vos smoothies et cette mayonnaise de soja.

Pour 1 bol de soyonnaise : 250 g de tofu soyeux • Poivre • 1 cuill. à soupe de moutarde • 1 cuill. à soupe de jus de citron • 1 pincée de sel • 5 cuill. à soupe d'huile de colza

- Passez le tofu, le jus de citron, la moutarde, le sel et du poivre au mixeur à grande vitesse.
- Ajoutez l'huile de colza petit à petit jusqu'à obtention d'une crème lisse et homogène.
- Vous pouvez réaliser toutes sortes de sauces froides avec cette mayonnaise pour base. Elle se conserve au frais quelques jours.

PANACHÉ DE LÉGUMES PRIMEURS

Végétalien • Sans gluten

1 h 15

» Voici une jardinière de légumes qui innove et vous fait découvrir une toute nouvelle façon d'apprécier les choux de Bruxelles.

Pour 2 personnes : 6 jeunes carottes • 4 navets • 6 à 8 oignons nouveaux • 6 à 8 choux de Bruxelles • 250 g de citrouille épépinée et pelée • 5 gousses d'ail nouveau • 1 bouquet garni • 20 cl de bouillon de légumes • 3 cuill. à soupe d'huile d'olive • Sel, mélange de poivres du moulin

- Épluchez les carottes et les navets, en conservant les fanes.
- Retirez la première peau des oignons nouveaux.
- Détaillez la citrouille en gros bâtonnets.
- Lavez l'ensemble des légumes ainsi que les fanes des navets.
- Coupez les choux de Bruxelles en deux.
- Faites chauffer l'huile d'olive dans une casserole à fond épais et ajoutez tous les légumes ainsi que l'ail en chemise.
- Enrobez bien les légumes de matière grasse, salez et ajoutez 1 tour de moulin à poivre.
- Couvrez avec le bouillon (ou de l'eau). Ajoutez le bouquet garni et couvrez.
- Laissez mijoter à feu très doux environ 1 heure, en remuant de temps en temps.
- Ajoutez si besoin de l'eau en cours de cuisson.
- Servez ce panaché de légumes débarrassé du bouquet garni.

PURÉE DE POMMES DE TERRE AU ST MÔRET

Facile • Familial

Végétarien — *30 min*

La purée, tout le monde connaît, mais avec une pointe de St Môret, cela change tout ! De plus, le St Môret contient moins de matières grasses que le beurre, vous vous ferez donc plaisir sans vous faire de mal.

Pour 4 personnes : 800 g de pommes de terre • 2 portions individuelles de St Môret • 20 cl de lait écrémé chaud • Noix muscade • Sel, poivre

- Faites cuire les pommes de terre pelées et coupées en morceaux à la vapeur.
- Passez-les au presse-purée au-dessus d'un saladier. Ajoutez le St Môret et travaillez bien le mélange.

- Versez le lait bien chaud pour délayer jusqu'à obtenir la consistance souhaitée.
- Salez, poivrez et muscadez.
- Servez bien chaud.

FONDUE D'AUBERGINES AU CUMIN

Facile • Familial

Végétalien • Sans gluten

35 min

» Outre sa teneur en manganèse, l'aubergine est une source de vitamine B6, qui fait partie des coenzymes participant au métabolisme des protéines et des acides gras, ainsi qu'à la synthèse des messagers de l'influx nerveux. Elle intervient également dans la fabrication des globules rouges et leur permet de transporter davantage d'oxygène, contribuant ainsi au bon fonctionnement du système immunitaire.

Pour 4 personnes : 3 aubergines moyennes détaillées en gros cubes • 1 oignon rouge émincé • 2 gousses d'ail hachées • 4 cuill. à soupe d'huile d'olive • ½ cuill. à café de cumin • Coriandre ciselée • Sel, poivre •

- Faites chauffer 2 cuill. à soupe d'huile d'olive dans une poêle.
- Ajoutez l'oignon et l'ail. Faites-les caraméliser pendant 10 minutes, en remuant régulièrement.
- Ajoutez un peu d'eau si l'oignon attache au fond de la poêle. Réservez.
- Mettez le reste d'huile d'olive dans la même poêle et faites-y revenir les morceaux d'aubergine. Ajoutez un peu d'eau. Salez, poivrez puis saupoudrez de cumin.
- Couvrez puis laissez cuire 10 à 15 minutes en remuant de temps en temps.
- Cinq minutes avant la fin de la cuisson, ajoutez les oignons caramélisés.
- Laissez mijoter quelques minutes, puis servez ces aubergines parsemées de coriandre en accompagnement d'une viande grillée ou dans un mezzé de plats moyen-orientaux.

OMELETTE AUX ORTIES

Rapide

Végétarien • Sans gluten *20 min*

» On prête à l'ortie de nombreuses vertus, comme une meilleure pousse des cheveux, on la recommande en cas d'eczéma ou de piqûres d'insectes... et dans bien d'autres situations ! L'ortie est surtout un excellent diurétique et une plante médicinale très utilisée en Inde, au Maroc, ou encore chez nos amis Amérindiens.

Pour 2 personnes : 2 grosses poignées d'ortie fraîche (ou 1 botte de fanes de radis) • 4 œufs bio • 1 échalote hachée menu • 1 cuill. à café d'huile de colza • Margarine non hydrogénée • Vinaigre de xérès • Sel et poivre de Sichuan (ou poivre noir classique)

- Amenez une casserole d'eau à ébullition.
- Coupez le feu et plongez les orties dans l'eau bouillante 10 secondes.
- Égouttez-les et arrosez-les d'eau froide puis hachez-les grossièrement.
- Faites revenir l'échalote dans une petite casserole à fond épais avec l'huile de colza, puis ajoutez les orties hachées. Laissez mijoter à feu doux pendant 10 minutes.
- Battez rapidement les œufs à la fourchette. Salez et poivrez.
- Faites chauffer de la margarine dans une poêle puis faites cuire les œufs battus en omelette.
- Quand l'omelette est cuite, arrosez-la d'un trait de vinaigre.
- Déposez le hachis d'orties sur une moitié d'omelette et repliez l'autre moitié dessus.

OMELETTE DE SARRASIN AUX FINES HERBES

Végétarien • Sarrasin • Sans gluten *10 min*

» Il s'agit ici d'une recette d'omelette dans laquelle on intègre notre ami minceur : le sarrasin.

Pour 2 personnes : 100 g de sarrasin • Bouillon de légumes • 4 œufs • ½ botte de persil plat ciselé• 1 oignon frais • 1 petite gousse d'ail hachée • Huile d'olive • Sel, poivre

- Faites cuire le sarrasin avec le double de son volume de bouillon de légumes.
- Battez les œufs en omelette.
- Ajoutez l'oignon coupé en rondelles, le persil, l'ail, du sel et du poivre.
- Mélangez le sarrasin à la préparation.
- Faites cuire l'omelette dans une poêle antiadhésive légèrement huilée.
- Retournez-la à mi-cuisson.
- Servez bien chaud.

FRIANDS VÉGÉTARIENS

Rapide

Végétalien

30 min

On connaît les friands à la viande, au fromage... Et si on mangeait plus léger ? Découvrez les friands aux légumes, meilleurs pour la ligne, surtout quand ils sont faits maison. À servir avec une salade verte.

Pour 4 personnes : 8 feuilles de riz • 300 g de carottes • 300 g de chou • 200 g d'oignons • 2 cuill. à café de thym • ½ cuill. à café de paprika • 1 cuill. à soupe de persil • 4 cuill. à soupe d'huile d'olive • Sel, poivre

- Préchauffez le four à 240 °C (th. 8).
- Humidifiez les feuilles de riz pour les ramollir.
- Râpez les carottes et le chou, émincez finement les oignons.
- Faites revenir les légumes et les oignons dans une poêle antiadhésive avec 2 cuill. à soupe d'huile d'olive, ajoutez le thym et le paprika.
- Laissez cuire 5 minutes à feu moyen, en remuant avec une spatule en bois. Salez et poivrez.
- Étalez les feuilles de riz sur votre plan de travail et pliez-les en deux.
- Déposez de la farce de légumes sur chaque demi-feuille, puis refermez-les en rectangle.
- Badigeonnez les friands du restant d'huile.
- Enfournez pour 10 minutes, en retournant les friands à mi-cuisson.

BLINIS DE CHOU

Familial

Végétarien • Sans gluten

1 h

» J'affectionne particulièrement ces petites galettes aromatisées au chou et si légères. Un plat idéal avec une salade ou un poisson.

Pour 6 personnes : 1 chou blanc finement émincé • 30 g de margarine non hydrogénée • 1 cuill. à café de baies de genièvre • 4 œufs • 1 cuill. à café de Maïzena • Sel, poivre

- Faites griller les baies de genièvre dans une poêle antiadhésive pendant 1 minute.
- Laissez-les refroidir puis broyez-les.
- Faites cuire le chou quelques minutes à la vapeur. Il doit rester légèrement croquant. Laissez-le refroidir.
- Battez les œufs avec la Maïzena, salez et poivrez. Ajoutez le chou et la poudre de genièvre.
- Faites fondre la margarine dans un poêlon à blinis et formez des galettes de chou, que vous cuirez à feu doux 5 à 10 minutes de chaque côté.
- Ces galettes peuvent être préparées à l'avance et réchauffées au four.

FRICASSÉE DE FEUILLES DE CACTUS

Végétalien • Sans gluten

45 min

» Si vous achetez les feuilles de cactus avec des épines, je vous conseille de les mettre dans un sac plastique et de les exposer au soleil durant 15 minutes pour que les épines tombent toutes seules. Le nopal est une variété de pousses de cactus mexicains de grande qualité. La culture maraîchère traditionnelle du cactus existe et perdure au Mexique. Tendres et goûteuses, les jeunes pousses de cactus se consomment aussi bien en salade que grillées ou sautées pour accompagner des viandes et poissons ou même en jus, en confiture ou dans des pâtisseries... Le cactus, riche en fibres, est pauvre en calories, et c'est donc une carte santé à jouer.

Pour 4 personnes : 5 feuilles de cactus ou nopal (en supermarché exotique) coupées en lanières • 1 oignon ciselé • Margarine non hydrogénée • 1 cuill. à soupe d'huile d'olive • Sel, poivre • Coriandre fraîche ou séchée • 1 cuill. à soupe de nectar d'agave (facultatif)

- Faites bouillir 1 litre d'eau. À ébullition, plongez les lanières de cactus et laissez-les bouillir pendant 10 minutes, puis égouttez-les et passez-les immédiatement sous l'eau froide afin d'en éliminer tout le suc (parfois gluant). Égouttez-les.
- Faites revenir le cactus avec l'huile d'olive et la margarine non hydrogénée dans une poêle.
- Ajoutez l'oignon. Salez, poivrez et parsemez de coriandre.
- Laissez cuire environ 20 minutes ou jusqu'à ce que les feuilles changent de couleur (marron verdâtre).
- Si vous trouvez ce plat un peu amer, n'hésitez pas à y ajouter un peu de sirop d'agave.

PAD THAÏ CRU

Difficile

Végétalien • Cru — *20 min*

» La pad thaï est un plat à base de nouilles traditionnel et très populaire en Thaïlande. On y ajoute de nombreux légumes et aromates. Ce plat étant assez riche en graisses saturées dans sa version classique, voici une alternative santé crue et végétalienne où l'on remplace les nouilles de riz par des nouilles de légumes.

Pour 3 personnes. *Pour la sauce :* 25 cl de lait de coco • 125 g de beurre d'amande • 1 cuill. à café de piment • 1 cuill. à soupe de gingembre émincé • 2 cuill. à soupe de sauce soja • 1 cuill. à soupe de pâte miso rouge • 1 cuill. à café d'ail haché • 2 cuill. à soupe de jus de citron vert • 2 cuill. à café de dattes hachées • 1 pointe de couteau de piment de Cayenne • *Pour les nouilles de légumes* : 750 g de radis chinois râpé • 250 g de chou vert râpé • 125 g de poivron rouge détaillé en julienne • 125 g de carottes râpées • 1 oignon frais avec la tige verte finement détaillé • 125 g de tomates cerises coupées en deux • 40 feuilles de basilic ciselées • 2 cuill. à soupe de coriandre hachée • *Pour garnir :* 1 concombre coupé en tranches • 160 g d'amandes • 1 poignée de mesclun

- Préparez la sauce en réduisant tous les ingrédients en purée fine au blender.
- Rectifiez l'assaisonnement si nécessaire.
- Placez tous les ingrédients des nouilles de légumes dans un saladier. Ajoutez la sauce et mélangez soigneusement.
- Décorez les bords du plat de service de tranches de concombre et de mesclun.
- Disposez les nouilles pad thaï au centre. Posez les amandes dessus. Servez immédiatement.

FRAÎCHEUR PASTÈQUE ET FRAISE

Rapide

Végétalien • Cru • Sans gluten *15 min*

Un dessert à présenter dans la coque de la pastèque, pour épater vos convives !

Pour 4 personnes : 500 g de pulpe de pastèque épépinée • 300 g de fraises équeutées • 1 cuill. à soupe de jus de citron jaune ou vert • 1 cuill. à soupe de sucre

- Lavez et équeutez les fraises.
- Conservez-en quelques-unes coupées en morceaux pour la présentation et placez tous les ingrédients dans un blender.
- Ajoutez 12,5 cl d'eau bien fraîche et mixez jusqu'à obtention d'un mélange homogène.
- Filtrez éventuellement la purée obtenue.
- Versez-la dans la pastèque et décorez de morceaux de fraise.
- Servez bien frais.

CRÉMET D'ANJOU

Familial

Végétarien • Sans gluten *20 min + 8 h d'égouttage*

Le crémet d'Anjou est une spécialité de la région d'Angers. La recette de base comporte toujours de la crème Chantilly, du sucre et des blancs d'œufs. Vous pouvez ensuite décliner cette recette en version sucrée ou salée, en y ajoutant toutes les épices, condiments et aromates de votre choix. Nous optons ici pour la recette classique additionnée d'un coulis de fruits rouges.

Pour 6 personnes : 6 blancs d'œufs • 1 pincée de sel • 25 cl de crème liquide allégée bien froide • 25 cl de fromage blanc à 5 % • 100 g de sucre en poudre vanillé • Fruits rouges ou coulis rouge • *Ustensiles :* 6 moules à fromage blanc ou 1 passoire • 1 carré de gaze

- Faire la crème chantilly au siphon.
- Battez les blancs en neige avec le sel.
- Incorporez délicatement les blancs en neige à la chantilly.

- Garnissez de gaze le fond des moules à fromage blanc ou d'une passoire, versez le mélange et laissez reposer au minimum 8 heures au réfrigérateur pour que la préparation s'égoutte bien.
- Démoulez le crémet et servez-le avec les fruits rouges ou le coulis.

MACARONS NOIX DE COCO

Difficile

Végétalien • Cru

10 min + 24 h de déshydratation

Une version crue, dont raffolent les Californiennes. Ces petits macarons, bien que savoureux et très santé, sont tout de même caloriques, alors un ou deux pour accompagner votre thé vert à la fin du repas, et puis c'est tout.

Pour 24 bouchées : 300 g de copeaux de noix de coco • 150 g de poudre d'amande • 1 tasse de sirop d'érable • ½ tasse de beurre de noix coco ou d'huile de noix de coco à température ambiante • 1 cuill. à café d'extrait de vanille • ½ cuill. à café de sel

- Mettez tous les ingrédients dans un large saladier et mélangez bien à la cuillère en bois (ou utilisez un robot ménager).
- Formez les macarons (vous pouvez utiliser une petite cuillère à glace) et disposez-les sur une feuille de déshydratation.
- Déshydratez à 38 °C pendant 24 heures.

TARTE MERINGUÉE AUX DEUX CITRONS

Difficile

Végétarien

1 h

Un délicieux dessert acidulé un peu riche – donc une petite part pour se faire plaisir à la fin d'un repas léger.

Pour 6 personnes : 300 g de pâte sablée • 2 citrons jaunes • 1 citron vert • 4 jaunes d'œufs • 1 blanc d'œuf • 30 g de margarine non hydrogénée

ramollie + 10 g pour le moule • 150 g de sucre en poudre • 40 g de Maïzena • ***Pour la meringue :*** **3 blancs d'œufs • 150 g de sucre en poudre • 1 pincée de sel**

- Préchauffez le four à 210 °C (th. 7).
- Beurrez le fond d'un moule à tarte et garnissez-le avec la pâte. Piquez-la à la fourchette et couvrez-la de haricots secs. Enfournez pendant 15 minutes.
- Retirez les haricots et laissez refroidir. Baissez la température du four à 170 °C (th. 6-7).
- Enduisez le fond de pâte de blanc d'œuf battu et remettez au four 2 minutes. Laissez le four allumé.
- Préparez la crème au citron. Lavez les citrons, prélevez-en les zestes et pressez-les afin de récupérer leur jus. Hachez finement les zestes.
- Versez le jus de citron dans un verre gradué et complétez avec de l'eau pour obtenir 40 cl. Versez-le dans une casserole et amenez le mélange à ébullition. Réservez.
- Battez les jaunes d'œufs avec le sucre dans un saladier jusqu'à ce qu'ils blanchissent. Saupoudrez de Maïzena et continuez à battre en ajoutant petit à petit le jus de citron et les zestes.
- Versez le tout dans une casserole à fond épais et faites cuire à feu doux, en tournant sans cesse à la spatule, comme pour une crème anglaise.
- Dès que la crème nappe la spatule, retirez-la du feu, ajoutez la margarine et laissez refroidir.
- Préparez la meringue. Battez les blancs d'œufs avec le sel.
- Quand ils sont presque fermes, ajoutez progressivement le sucre en poudre, en continuant à battre pour que la meringue soit bien ferme et brillante.
- Étalez la crème au citron sur le fond de tarte cuit à blanc.
- Enfournez pour 17 minutes. Sortez la tarte du four et nappez-la de meringue. Réenfournez pour quelques minutes, en surveillant de très près afin que la meringue ne brûle pas. Si elle colore trop vite, baissez la température du four à 150 °C (th. 5) et couvrez la tarte d'aluminium ménager.

PANACOTTA AUX MYRTILLES ET PÊCHE

Végétalien • Sans gluten

30 min
+ 1 h de réfrigération

Un dessert fondant et frais, à marier avec tous les fruits de saison et autres saveurs de votre choix.

Pour 4 personnes : 25 cl de crème de soja • 20 cl de lait de soja • 125 g de myrtilles • Coulis de pêche • ½ cuill. à café d'agar-agar (ou de gélatine alimentaire) • 3 cuill. à café bombées de sirop d'agave ou de miel

- Mélangez la crème et le lait dans une casserole, et faites-les chauffer à feu doux.
- Pendant ce temps, délayez l'agar-agar dans 2 cuill. à café d'eau tiède.
- Au premier frémissement de la crème, incorporez l'agar-agar.
- Remuez sans cesse sur feu moyen jusqu'à léger épaississement.
- Ajoutez le sirop d'agave (ou le miel), mélangez bien.
- Versez la crème dans des ramequins individuels.
- Faites prendre au réfrigérateur au moins 1 heure.
- Démoulez la panacotta au moment de servir et décorez de myrtilles et de coulis de pêche.
- Dégustez bien frais.

GÂTEAU AUX POIRES, FARINE DE BLÉ NOIR ET MIEL DE SARRASIN

Végétarien • Sarrasin • Sans gluten *1 h 15*

Une fois n'est pas coutume, la farine de sarrasin est parfaitement adaptée à la confection de pâtisseries et de desserts.

Pour 8 personnes : 2 poires pelées, coupées en petits dés et citronnées • 1 pomme pelée, coupée en lamelles et citronnée • 150 g de farine de sarrasin tamisée • 3 œufs • 100 g de beurre fondu • 75 g de sucre en poudre • 70 g de miel de sarrasin • 1 sachet de levure chimique

- Préchauffez le four à 180 °C (th. 6).
- Mélangez la farine et la levure dans un petit saladier.
- Fouettez les œufs et le sucre dans un autre saladier jusqu'à ce que le mélange blanchisse.
- Ajoutez le miel puis le beurre fondu.
- Continuez à fouetter le mélange pour le rendre bien homogène. Ajoutez progressivement la farine, en en réservant 4 cuill. à soupe pour les dés de poire, et mélangez vigoureusement.
- Saupoudrez légèrement de farine les dés de poire pour éviter qu'ils tombent au fond du gâteau. Ajoutez-les dans le mélange.
- Beurrez et saupoudrez de sucre le fond d'un moule à manqué. Versez la préparation dans le moule.
- Posez dessus les lamelles de pomme. Saupoudrez d'un peu de sucre en poudre et enfournez pour 50 minutes.
- Dégustez tiède ou froid.

GLACE FRUITS ROUGES AU YAOURT

Végétalien • Cru • Sans gluten

15 min
+ 30 min de réfrigération

» Vous aurez besoin d'une sorbetière pour cette glace et d'un blender pour hacher les fruits congelés. Préparer une glace maison est plus facile qu'il n'y paraît. Profitez-en également pour remplacer le lait animal par des laits végétaux de votre choix pour faire l'impasse sur les graisses saturées.

Pour 6 personnes : 250 g de yaourt allégé • 125 g de lait de soja, de riz, de noisette ou d'amande • 50 g de sucre • 1 sachet de fruits rouges surgelés (450 g environ)

- Mélangez le lait de votre choix, le yaourt et le sucre pendant 2 minutes dans un saladier.
- Mixez au blender les fruits surgelés jusqu'à obtention d'une purée homogène. Ajoutez le mélange à base de lait.
- Mixez de nouveau pendant quelques secondes, puis transférez la préparation dans la sorbetière.
- Faites prendre durant 20 à 30 minutes.

FRAISES, CARAMBOLE ET MELON EN SALADE

Facile • Rapide

Végétarien • Cru • Sans gluten — *20 min*

La carambole est un fruit peu sucré et acidulé. En consommer réduirait le taux de sucre dans le sang. Elle est connue pour ses propriétés diurétiques et constitue une excellente source de vitamines A et C, ainsi que de potassium.

Pour 4 personnes : 1 carambole • 500 g de fraises • ½ melon de Cavaillon détaillé en billes • 1 cuill. à soupe de sirop d'agave • Le jus de ½ citron

- Lavez, équeutez et coupez les fraises puis mettez-les dans un saladier.
- Ajoutez les billes de melon.
- Pelez la carambole en retirant la fine peau qui la recouvre. Tranchez-la et retirez les pépins au centre de chaque tranche.
- Arrosez immédiatement de jus de citron, car la carambole s'oxyde très rapidement. Mettez-la dans le saladier.
- Versez le sirop d'agave sur les fruits puis mélangez délicatement.
- Réservez cette salade de fruits au frais avant de la déguster.

SALADE D'ANANAS VANILLÉ, CITRON VERT AU SIROP DE MIEL AMBRÉ

Familial

Végétalien • Cru • Sans gluten — *20 min + 3 h de réfrigération*

Faites le plein de vitamines avec cette salade d'ananas très rafraîchissante.

Pour 4 personnes : 1 ananas • 2 citrons verts lavés • 3 cuill. à soupe de miel de châtaignier • 1 gousse de vanille • 4 feuilles de menthe fraîche

- Épluchez l'ananas et coupez-le en deux dans le sens de la longueur.
- Ôtez le cœur fibreux.

- Coupez des tranches épaisses d'ananas au-dessus d'un saladier pour récupérer le jus, puis détaillez-les en cubes.
- Prélevez le zeste d'un des citrons avec un économe et taillez-le en longs filaments. Râpez finement le zeste de l'autre citron au-dessus des cubes d'ananas, mélangez bien.
- Mettez le miel, 20 cl d'eau et la gousse de vanille fendue en deux dans une casserole. Amenez à ébullition et faites cuire 10 minutes à feu doux. Laissez refroidir.
- Pressez les citrons et ajoutez le jus dans le sirop. Versez-le sur les cubes d'ananas et mélangez bien.
- Réservez 3 heures au réfrigérateur.
- Servez décoré de la menthe fraîche ciselée et des longs filaments de zeste de citron.

SOUPE DE MELON AUX FRAISES

Facile • Rapide

Végétalien • Sans gluten — *20 min*

» Cette soupe sucrée fera l'unanimité. Sortez-la du réfrigérateur quelques minutes avant de servir, la saveur du melon étant atténuée lorsque la soupe est trop froide.

Pour 4 personnes : 2 petits melons • 1 dizaine de fraises équeutées et coupées en morceaux • 1 cuill. à café d'extrait de vanille • 1 cuill. à soupe de nectar d'agave • Des feuilles de menthe pour la décoration

- Pelez les melons, retirez les pépins et prélevez quelques boules de chair pour décorer à l'aide d'une cuillère parisienne.
- Passez le reste au mixeur. Ajoutez l'extrait de vanille et le nectar d'agave.
- Versez cette soupe de melon dans un saladier. Ajoutez les boules de melon ainsi que les morceaux de fraise. Réservez au frais.
- Décorez de feuilles de menthe au moment de servir.

TARTE FINE POMMES-CANNELLE

Facile • Rapide • Familial
Végétarien

30 min

Il y a plusieurs façons de préparer la tarte aux pommes, mais celle-ci est certainement la plus facile… et ma préférée.

Pour 8 personnes : 1 rouleau de pâte feuilletée ou brisée • 3 pommes • Le jus de ½ citron • 3 cuill. à café de Splenda • 20 g de margarine non hydrogénée • Cannelle en poudre

- Préchauffez le four à 180 °C (th. 6).
- Pelez les pommes et coupez-les en tranches fines puis arrosez-les du jus de citron.
- Étalez la pâte sur une plaque de cuisson.
- Saupoudrez-la de Splenda.
- Disposez les tranches de pomme sur la pâte.
- Répartissez la margarine en copeaux sur les pommes et enfournez pour 20 minutes.
- Saupoudrez de cannelle.
- Dégustez tiède ou froid.

INDEX

REMERCIEMENTS

Comme me l'a dit un jour la chef de projet Reader's Digest des États-Unis alors que nous travaillions sur la version américaine de *Secrets de coach* : « Il faut un village pour produire un livre. » Elle avait bien raison !

Je tiens donc à vous remercier, vous qui avez rendu la parution de cet ouvrage possible.

En tout premier lieu, Gwenaëlle Beau, responsable Produits et manager France LeBootCamp : merci pour ton travail acharné et ton adaptabilité à mon emploi du temps chargé et à notre décalage horaire.
Ed, Marion Bodin et Nadège Bedos, votre créativité et votre motivation sans faille ont permis de réunir **300** recettes gourmandes en un temps record.
Les BootCampeuses et BootCampeurs du monde entier : merci pour vos suggestions, vos idées, vos questions et vos demandes d'adaptation de grands classiques pour les rendre plus sympas pour notre ligne.
Anne Grégoire, Jocelyne Moukouri et Emmanuel Lecoq, de Reader's Digest France : merci de m'avoir fait confiance pour une troisième aventure ensemble. Je suis sûre que celle-ci sera encore plus belle que nos deux premières !
Les journalistes qui me demandent des recettes exclusives très régulièrement sont aussi, en partie, responsables de ce livre, alors un grand merci à tous.

Et merci à papa et à maman pour m'avoir donné le goût des bonnes choses.

San Francisco, septembre 2012

Achevé d'imprimer : décembre 2012
Dépôt légal en France : janvier 2013
Dépôt légal en Belgique : D-2013-0621-38

Imprimé en Allemagne par GGP Media GmbH
Printed in Germany